Distribución del ingreso en el Perú

Richard WEBB
Adolfo FIGUEROA

Distribución del ingreso en el Perú

Prólogo a esta edición por
Carolina Trivelli

IEP
INSTITUTO DE
ESTUDIOS
PERUANOS

Serie: Perú Problema, 14
Colección Clásicos, 6

Horacio Urteaga 694, Lima 11
Telf.: (51-1) 332-6194
www.iep.org.pe

ISBN: 978-9972-51-652-8
ISSN: 0079-1075
Impreso en Perú

Primera edición: Lima, 1975
Segunda edición: Lima, noviembre de 2017
1000 ejemplares

Hecho el depósito legal en la Biblioteca Nacional
del Perú: 2017-16066

Registro del proyecto editorial
en la Biblioteca Nacional: 31501131701224

Diagramación:	Silvana Lizarbe
Carátula:	Gino Becerra
Apoyo editorial:	Yisleny López
Revisión de texto y cuidado de edición:	Odín del Pozo
Imagen de carátula:	"Cholo Indians" (tomada del libro: *Two Years in Peru, with exploration of its antiquities*, vol. II, de Thomas J. Hutchinson (1873). British Library's collections, 2013).

BIBLIOTECA NACIONAL DEL PERÚ
Centro Bibliográfico Nacional

339.20985 Webb, Richard Charles, 1937-
W35 Distribución del ingreso en el Perú / Richard Webb, Adolfo Figueroa; prólogo,
2017 Carolina Trivelli.-- 2a ed.-- Lima: Instituto de Estudios Peruanos, 2017 (Lima: Tarea Asociación Gráfica Educativa).
153 p.: il. diagrs.; 23 cm.-- (Perú problema; 14) (Clásicos; 6)

Bibliografía: p. [147]-153.
D.L. 2017-16066
ISBN 978-9972-51-652-8

1. Distribución del ingreso - Perú - 1961-1973 2. Igualdad - Aspectos económicos - Perú - 1961-1973 3. Pobreza - Perú - 1961-1973 4. Perú - Condiciones económicas - Siglo XX 5. Perú - Política económica - Siglo XX I. Figueroa, Adolfo, 1941- II. Trivelli, Carolina, 1968-, prólogo III. Instituto de Estudios Peruanos (Lima) IV. Título V. Serie

BNP: 2017-2907

Contenido

Prólogo a esta edición

Carolina Trivelli

La desigualdad y la pobreza son asuntos centrales para entender y pensar el Perú, el de ayer, el de hoy y el de mañana. Tal como lo manifiesta el texto que aquí se reedita, estos dos temas ya estaban en el debate hace más de 40 años, y aún son ineludibles. A pesar de que dichos temas han cambiado en cuanto a estrategias investigativas y políticas públicas, la mayor parte de las preguntas que planteó la primera edición de *Distribución del ingreso en el Perú*, en 1975, siguen vigentes. Por ello, su reedición, lectura y debate son esenciales para ampliar las discusiones actuales sobre cómo y por qué debemos seguir tomando acciones para reducir la desigualdad de ingresos y eliminar la pobreza en el Perú.

Así, la publicación de *Distribución del ingreso en el Perú* fue uno de los textos que alentó el inicio de un conjunto de estudios y debates sobre la desigualdad, la pobreza y las políticas redistributivas en el país. Richard Webb y Adolfo Figueroa publicaron juntos este libro que reúne dos contribuciones independientes, pero que leídas en conjunto suman entre sí.

Los textos publicados en 1975 tenían varios objetivos, dos de ellos centrales: medir la desigualdad, así como caracterizar los distintos grupos sociales asociados a dicha medición, y evaluar el efecto redistributivo de las políticas implementadas en los años sesenta e inicios de los setenta del siglo XX.

Sobre el primero de estos objetivos, clave para abrir el debate acerca de la distribución y la pobreza en el Perú, cuantificó la pobreza y se estimó la distribución del ingreso entre los diferentes grupos sociales, regiones y sectores económicos. La estimación de la distribución del ingreso, la generación de los primeros cálculos de la geografía de la desigualdad y la identificación de las características de los grupos que enfrentaban la mayor pobreza resultaban imprescindibles para luego poder evaluar las políticas que se dieran con la intención de reducir las brechas existentes para los distintos grupos.

El trabajo de Webb que abre el libro se centra en atender este primer objetivo. A partir de una metodología que él mismo ya había trabajado y publicado, describe y discute la magnitud de las desigualdades existentes para ese entonces y caracteriza los grupos que enfrentaban una situación de pobreza. Su estimación encuentra resultados que hoy nos parecen muy conocidos, pero que en su momento representaron una de las primeras mediciones sobre la concentración del ingreso en el Perú. El decil más rico recibió, en 1961, el 49% del ingreso; mientras que el quintil inferior percibió el 2,5% del ingreso nacional. Una distribución altamente desigual. Los ricos pertenecían al sector moderno limeño; los pobres, campesinos de la sierra sur, a la mancha india.

En los más de 40 años desde que Webb hizo la referida medición se ha avanzado mucho en la cuantificación de la desigualdad y en la caracterización de los distintos grupos sociales de la economía y sociedad peruana. Hoy tenemos más y mejor información primaria que nos permite construir estimaciones de la distribución, así como complejos algoritmos para procesarla. Asimismo, contamos, además de las clásicas estimaciones basadas en cuentas nacionales, con encuestas de hogares y personas que, si bien no recogen adecuadamente la información de los estratos más ricos, sí permiten caracterizar y entender las dinámicas económicas, de producción y consumo, de los hogares más pobres. Atkinson (2015), uno de los más destacados analistas de los temas de desigualdad, reconoce estas limitaciones de las encuestas de hogares —acá en el Perú y en todos los países donde se aplican— pero a la vez destaca su enorme valor para el diseño y evaluación de políticas que buscan reducir la desigualdad y la pobreza, pues permiten conocer y caracterizar a los grupos que han de interactuar con dichas políticas como destinatarios; además, posibilitan ir más allá y entender las dinámicas de producción y consumo de las familias y sus interacciones con distintas instituciones —públicas y privadas— y mercados. En síntesis, estas encuestas permiten conocer bien a los hogares que se encuentran en las inmediaciones de la condición de pobreza.

Medir la desigualdad parece, cada vez menos, un reto; pero medirla bien, con extremo detalle, sigue siendo un asunto en debate. Hoy no solo los grupos progresistas, como Oxfam (2017), están ocupándose del tema, sino que el asunto está en el centro de los debates en entidades como el Fondo Monetario Internacional (FMI) o el Foro Económico Mundial (WEF, por sus siglas en inglés). Este último, en 2017, ha presentado su estrategia de crecimiento inclusivo donde reconoce que el crecimiento sin equidad y sin sostenibilidad (ambiental e intergeneracional), no logrará traer mayor bienestar (WEF 2017). La desigualdad está en todas las discusiones sobre desarrollo, con tanta o más fuerza que hace 40 años, y se encuentra además en los debates nacionales, regionales y globales.

En el Perú, el tema de la medición de la desigualdad continúa generando aireadas discusiones. No obstante los grandes progresos metodológicos, el avance tecnológico para implementar dichas metodologías y, sobre todo, la mejora en la recolección de datos primarios, aún existen fuertes discrepancias entre los especialistas. Somos testigos de los debates y cuestionamientos a los indicadores clásicos como el índice de Gini para medir la desigualdad, y de las discrepancias en los niveles y tendencias estimados con distintas mediciones basadas en cuentas nacionales y encuestas de hogares, en los temas de desigualdad (Yamada et ál. 2016, Escobal y Ponce 2012, De los Ríos 2011); igualmente, presenciamos las polémicas estrechamente relacionadas con las no menos complejas discusiones respecto de cómo medir la pobreza, donde las posiciones oscilan entre quienes proponen que basta con cuantificar la pobreza monetaria como indicador sintetizador, hasta quienes plantean complejas medidas múltiples

—complementarias entre sí— o medidas multidimensionales de la pobreza. El debate especializado es extenso, con posiciones extremas en algunos casos, pero de una gran riqueza metodológica y conceptual y con consecuencias políticas significativas. De esta manera, la discusión con respecto a las medidas de pobreza y desigualdad es positiva, aunque veces confusa, mas construye una base empírica para mejorar el análisis y las propuestas sobre cómo enfrentar ambos asuntos: pobreza y desigualdad. Hoy, además —a diferencia de la década de 1970 cuando Webb y Figueroa publicaron sus textos pioneros— existe en el Perú (y en el mundo) un grupo de especialistas en la medición de la pobreza y la desigualdad que debate, cuantifica mantiene el tema en la agenda de investigación e informa a los hacedores de política con mayor profundidad acerca de dichos temas y sus relaciones con el desarrollo y el bienestar de los ciudadanos.

El trabajo de Webb que abre este texto se basa en la información del Banco Central de Reserva del Perú (BCRP), la única confiable y disponible en ese momento. Actualmente, a esa data clásica que viene de las cuentas nacionales se le agrega el amplio conjunto de encuestas especializadas del Instituto Nacional de Estadística e Informática (INEI) donde destacan la Encuesta Nacional de Hogares (Enaho) y la Encuesta Nacional de Demografía y Salud (Endes), que junto con los Censos —de Población, Vivienda, Infraestructura, Agrario, Económico, etc.— constituyen la base para las estimaciones de pobreza, en particular; pero que también contribuyen a informar acerca de las discusiones sobre la desigualdad y sus características. Esta mayor información disponible, junto con innovaciones metodológicas y estadísticas, permite aprovechar al máximo las múltiples fuentes de pesquisas. Un buen ejemplo de la sofisticación de las metodologías y mediciones es la estimación del último mapa de pobreza (del año 2013) que combina datos de encuestas y censos para generar aproximaciones a los niveles de pobreza en pequeñas áreas geográficas —distritos o provincias— y con ello un mapa robusto que posibilita mejorar la asignación del gasto público en el territorio.[1]

---

1. Escobal y Ponce (2012) hacen un ejercicio similar y estimaron para los años de los últimos dos Censos de Población (1993 y 2007), la incidencia de pobreza y

A pesar de los avances, seguimos empleando la misma lógica propuesta en el texto de Webb, pero con potentes computadoras, sistemas de recojo de información sofisticados y complejos algoritmos e indicadores que sintetizan la información y la combinan para comprender mejor la realidad sobre la que las políticas han de intervenir. Este es un proceso vivo que cambiará en los años que vienen con el creciente uso de nuevas fuentes de información, como son los datos administrativos, la información agregada de consumo masivo y la data geolocalizada, además de las nuevas formas de explotar el *big data*.

Gracias a la mayor información disponible, que además es pública y se encuentra al alcance de todo interesado, no solo cada año tenemos estimaciones confiables y valiosas sobre la pobreza y las cambiantes características de los hogares en situación de pobreza; sino también posibilidades de analizarla en diversos contextos y geografías, y desde distintas preguntas y disciplinas. Ello permite examinar la situación de diferentes colectivos sociales desde múltiples entradas y con ello hacer evaluaciones de políticas públicas y medir los cambios que estas generan en los grupos más vulnerables. Asimismo posibilita, con ciertas restricciones, dar seguimiento a los movimientos entre grupos sociales y las transiciones hacia y desde la pobreza, y generar estimados de las brechas existentes en distintos campos, brechas que reflejan la magnitud y profundidad de las (múltiples) desigualdades en el país.

El Perú sigue siendo un país desigual en su distribución de ingreso. Si miramos la participación de los salarios en el producto bruto interno (PBI) —la llamada distribución funcional del ingreso—, encontramos que, junto con otros países de la región, hemos registrado en los últimos años una ligera mayor participación de los salarios en el PBI. En el caso peruano, los salarios pasaron de representar menos del 30% del PBI a inicios de los años 2000, a algo cercano al 35% en 2014 (Cepal 2016). Es una mejora distributiva modesta, pero

---

el índice de Gini a escala provincial en el Perú. En una publicación posterior se agregó información complementaria para el censo de 1981 (como puede verse en Escobal 2014).

mejora sin duda alguna. Complementariamente, si vemos las medidas de desigualdad sobre la base del índice de Gini, el Perú registra alrededor del 0,44, mostrando una reducción (al igual que las medidas basadas en otros indicadores similares como el índice de Theil) en años recientes (INEI 2017, Yamada et ál. 2016).

No obstante esta tendencia decreciente, estudios como el de Escobal y Ponce (2012) encuentran que el proceso de convergencia basado en la mejora de los ingresos de los más pobres es lento e insuficiente para cerrar las brechas existentes, y que, además, coexiste con un proceso de mayor desigualdad entre territorios y con una polarización entre determinados grupos de la sociedad. Por ello, Escobal (2014) discute la existencia de lo que él denomina, trampas territoriales de pobreza y desigualdad que conviven con estas ligeras reducciones en la desigualdad agregada.

El crecimiento reciente de la economía peruana ha sido calificado por algunos especialistas como inclusivo, pues el incremento de los ingresos del 40% más pobre respecto de la distribución del ingreso aumentó más rápido que el ingreso del peruano promedio (Cord et ál. 2015). Si bien esta afirmación es correcta, deja de lado dos asuntos clave que mencionamos en líneas anteriores. Primero, no considera adecuadamente los ingresos de los más ricos, de los realmente ricos, en el cálculo del promedio de ingresos a escala nacional (pues se basan en datos de las encuestas de hogares) y, segundo, los incrementos en los ingresos de los más pobres son significativos porcentualmente, pero modestos e insuficientes en términos absolutos (y muy menores que los incrementos absolutos registrados para los deciles más acomodados).

La existencia de un (cierto) crecimiento inclusivo, con todas sus limitaciones, marca un cambio importante frente a lo que presenta este texto con respecto a la situación de los años sesenta e inicios de los setenta del siglo XX. Hoy se reconoce que el crecimiento es responsable de buena parte de la reducción de la pobreza. Según los estimados de Calvo-González et ál. (2017) para la región y de Herrera (2017) para el Perú, el crecimiento económico, durante los años del *boom* de los precios de nuestras exportaciones, fue el principal responsable de la reducción de la pobreza. Para el Perú, Herrera calcula que durante el periodo 2007-2016, cerca del 70% de la reducción de la pobreza es atribuible al crecimiento, mientras que el 30% restante se explicaría por las acciones de redistribución. Herrera, sin embargo, nos exige reconocer que el aporte del crecimiento a la reducción de la pobreza varía en el tiempo dependiendo de su nivel y de las condiciones del contexto. Entre 2007 y 2011, el crecimiento habría sido aun más importante como motor de la caída de la pobreza (explicando cerca del 80% de esta); mientras que entre 2012 y 2016, cuando las tasas de crecimiento comenzaron a reducirse, la disminución de la pobreza se explicaría en partes iguales por el crecimiento como por las acciones redistributivas.

De manera análoga, Yamada et ál. (2016) estima que la distribución del ingreso habría mejorado ligeramente en el periodo analizado por Herrera a partir de una medida de un índice de Gini corregido y aumentado que mejora su precisión, pero que mantiene cierto sesgo por utilizar la información de las encuestas de hogares. Yamada y sus colegas encuentra que la caída en el indicador de desigualdad se explicaría en mayor medida por el crecimiento para el periodo entre 2007 y 2011, y luego más bien serían las acciones redistributivas las principales responsables de la (modesta) reducción en la desigualdad entre 2011 y 2014.

El debate sobre la contribución del crecimiento a la reducción de la desigualdad no está cerrado. Los trabajos de Lustig et ál. (2013) no encuentran relación directa entre crecimiento y reducción de la desigualdad consistente para los países de América Latina.[2] Atkinson (2015) evita entrar en el debate sobre qué aporta más a la reducción de la desigualdad, si crecimiento o redistribución, y concluye que para América Latina es evidente que la reducción de la desigualdad se ha dado, al igual que sucedió en la Europa de la posguerra, por una combinación de mayores ingresos de mercado (donde los salarios han jugado un papel importante) y de la propagación de las acciones redistributivas (en la que destaca, por ejemplo, la expansión de los programas sociales de transferencias monetarias).

---

2. Lustig et ál. (2013) encuentran reducciones de desigualdad en países de la región que crecen y también en países que no crecen de manera significativa.

Las discusiones alrededor de la contribución del crecimiento y la redistribución a la reducción de la pobreza y la desigualdad son relevantes para evaluar y definir las decisiones de política, pero también porque abren un valioso espacio de investigación sobre los mecanismos y condiciones que han permitido que se observe esta relación entre el crecimiento y ciertas medidas redistributivas en la reducción de la pobreza y la desigualdad. Entender los mecanismos tras dichos resultados será una de las claves para el diseño de las políticas públicas que finalmente posibiliten lograr la eliminación de la pobreza y la reducción de determinadas desigualdades.

Los cambios en la magnitud y concentración de la pobreza, así como en su severidad nos hacen considerar hoy algo impensable en la década de 1970: la pobreza puede ser eliminada; podemos lograr, en esta generación, que el hambre deje de ser un asunto de preocupación para los peruanos, incluso para los más pobres. No es un reto sencillo, pero es uno posible de atender. Por ello, en el debate actual es central avanzar en la discusión y evaluación de los mecanismos que han desencadenado los cambios en la pobreza y que abren nuevas formas de aproximarnos al desafío no solo de seguir reduciendo la pobreza, sino para generar políticas e intervenciones que permitan enfrentarla de manera sostenida hasta lograr su erradicación.

Las políticas y acciones orientadas a eliminar la pobreza exigen, por supuesto, una combinación de acciones redistributivas y un sostenido crecimiento económico (que además sea de nivel suficiente para afectar las tasas de pobreza), pero que a la vez requieren más. En la actualidad, existe un consenso alrededor de la necesidad de políticas más complejas que articulen acciones de distintos sectores y niveles de gobierno, a la par que incorporen no solo objetivos de reducción de pobreza, sino de reducción sostenida de la desigualdad. Estas acciones, para ser efectivas, tendrán además que ser diferenciadas por ámbito geográfico y por grupos sociales y deberán lograr las articulaciones necesarias para que los hogares en situación de pobreza puedan insertarse en una senda de progreso de manera sostenida, pues se sabe que no hay una única "bala de plata" para la reducción efectiva de la pobreza.

Los hogares que hoy están en situación de pobreza, a diferencia de los caracterizados en el texto que ahora prologo, son hogares cada vez más heterogéneos, más complejos de caracterizar y de atender con políticas públicas estandarizadas, sectoriales o de amplio espectro. Por ejemplo, los pobladores rurales en pobreza son agricultores pero, a la vez, participantes activos de mercados laborales locales y extrarregionales; son microempresarios y comerciantes, todo junto o en una secuencia o combinación que no siempre logramos entender. Además, los peruanos en mayor pobreza no constituyen un grupo cohesionado, no tienen un único referente organizacional, social, cultural, ni político.

El segundo objetivo del libro de Webb y Figueroa fue discutir los alcances que tendrían las medidas redistributivas que habían sido adoptadas a fines del los años sesenta e inicios de los setenta. Según tales autores, las medidas redistributivas tendrían poco impacto, el grueso de los efectos de las políticas implementadas se daría dentro de los grupos sociales existentes pero, sobre todo, dentro del sector moderno de la economía, y los sectores de mayor pobreza verían un impacto pequeño en sus ingresos fruto de estas medidas.

Con el objetivo de situar estas conclusiones, Webb destaca los cambios ocurridos en la economía peruana previos al inicio del gobierno militar. Webb encuentra un crecimiento del ingreso entre 1950 y 1966 para casi todos los grupos sociales; pero también sostiene que en dicho periodo la redistribución no mejora, sino, por el contrario, empeora. Este es el contexto en el que luego indaga sobre los efectos de las medidas redistributivas adoptadas después de 1963. Finalmente, concluye que dichas medidas redistributivas fueron progresivas, y que beneficiaron, sobre todo, a miembros dentro del sector moderno y del sector urbano tradicional. En el otro extremo de la distribución, los agricultores de subsistencia recibieron transferencias netas positivas, pero dada su limitada participación en los mercados no se vieron positivamente afectados por los cambios en impuestos (indirectos) ni por las políticas de precios. Es decir, efectos importantes en el sector moderno de las medidas redistributivas, modestos (pero positivos) en los grupos más pobres y efectos negativos en el grupo de agricultores pequeños y medianos que producen para el mercado, quienes fueron los que sufrieron pérdidas por las políticas de precios y no obtuvieron transferencias netas positivas. Por último, concluye que las políticas redistributivas implementadas en los años sesenta tuvieron resultados en la dirección esperada, pero que el tamaño del impacto fue modesto en relación con la magnitud de las brechas que buscaban contrarrestar.

Para sustentar estos resultados, el análisis de Webb requería un diagnóstico y caracterización de los distintos grupos sociales y económicos del Perú de ese entonces. La caracterización de tales grupos representa uno de los aportes más ricos del texto. Esta permite al lector trasladarse al Perú de la década de 1960 y recorrer un país donde la desigualdad se revelaba en las diferencias territoriales, lo urbano frente a lo rural, las grandes ciudades frente al resto; y entre sectores económicos, la manufactura y el mundo financiero frente al campesinado y el pequeño productor agropecuario. Desigualdades que si bien siguen siendo válidas hoy para entender y caracterizar al Perú, dan cuenta de cambios sustantivos en cada uno de estos grupos y en las fronteras menos dicotómicas entre ellos.

Por su parte, Figueroa revisa las políticas implementadas entre 1968 y 1973 por el gobierno militar del general Juan Velasco Alvarado. Finaliza su texto con un análisis, en la misma línea que Webb, acerca de las políticas de los años sesenta en las que las acciones redistributivas —tanto las referidas a cambios en impuestos y precios, como las de transferencias de propiedad— tuvieron limitado impacto en incrementar el ingreso de los más pobres —los campesinos—, y solo lograron cambios moderados en algunos sectores (por ejemplo, el sector moderno de la economía). Por ello, concluye que dichas políticas no habrían logrado el objetivo central de cambiar significativamente las estructuras tradicionales de la sociedad peruana.

Figueroa en su texto final propone que, ante la evidencia de políticas redistributivas que no habrían sido capaces de generar efectos suficientes, valdría entonces considerar la alternativa del crecimiento económico como instrumento de política para atender y reducir las desigualdades. Destaca la necesidad, que discutimos líneas arriba, de evitar una dicotomía entre crecimiento y redistribución, y plantea la tarea de hallar una forma para conciliar un mayor crecimiento con un efecto progresivo sobre la distribución. Resulta significativo encontrar que, ya hace más de cuatro décadas, estábamos discutiendo acerca de la urgencia de lograr el crecimiento y la inclusión de manera simultánea. Como apuntamos anteriormente, hoy sabemos que crecimiento y redistribución han de actuar de forma coordinada, y que el aporte de cada uno de ellos a los cambios en la pobreza y a la reducción de distintas desigualdades depende de los contextos económicos, políticos y sociales. Asimismo, existen periodos en los que los cambios en la desigualdad y la pobreza vienen dados mayoritariamente por el crecimiento y en otros por la acción de las medidas redistributivas.

Las conclusiones del texto de Figueroa son, a pesar del tiempo transcurrido, actuales. Figueroa enfatiza que el Perú tiene que enfrentar prioritariamente el desafío de reducir la pobreza que, como muestra a lo largo del documento, es un asunto principalmente rural, de pobreza rural. En el contexto de los años setenta, el desafío era —como sigue siendo hoy— elevar los ingresos de los campesinos. Para ello había que reconocer que estos se habían beneficiado poco de las medidas redistributivas relacionadas solo con la propiedad y los impuestos, y que urgía encontrar nuevas formas de llegar a ellos.

En el marco de los debates actuales sobre cómo enfrentar la pobreza rural, diríamos que se requieren intervenciones públicas que consigan elevar los ingresos, pero sobre todo a través de incrementos en la productividad de los campesinos, los cuales deben lograr mejores y mayores conexiones con nuevos mercados a partir de diversas relaciones —en los mercados de factores y productos— con un conjunto amplio de sectores económicos, y no solo el agropecuario. Para esto hay que invertir más en ellos mismos —en el desarrollo de sus capacidades—; pero también en sus territorios, llevarles servicios —asistencia técnica, empresarial y servicios financieros—, así como dotarlos de acceso a la infraestructura mínima para que logren salir de la pobreza. Mecanismos totalmente distintos a los planteados en las reformas analizadas en los textos de Figueroa y Webb, donde las propuestas tenían que ver con las estructuras de propiedad y los impuestos.

Hoy, luego de más de 15 años de crecimiento sostenido y de un ciclo de políticas sociales que intentan llegar a los más pobres combinando servicios públicos —identidad, salud, educación— con infraestructura y programas sociales, vemos una reducción significativa de la pobreza en toda América Latina (Levy 2016). En el Perú, la pobreza monetaria pasó de más de 50%, hace poco más de una década, a 20%, hoy en día. Esta reducción, si bien se observa también en el medio rural, exige todavía nuevas acciones. A pesar de los avances significativos, la pobreza rural —que pasó de 74%, en 2007 a 44%, en 2016— sigue siendo muy alta. Peor aún, a 2016, 13% de hogares rurales enfrenta situaciones de pobreza extrema, de indigencia; mientras que menos de 1% de los hogares urbanos afronta dicha condición. Por ello, más del 80% de peruanos que está en condición de pobreza extrema vive en el medio rural. Ahí continúa existiendo un desafío por atender.

Respecto de los motores que explican la reducción de la pobreza rural, aún insuficiente pero sostenida y significativa, existe una sólida discusión acerca del impacto que tienen sobre ella los cambios en la estructura económica de los países (por ejemplo, vista como la decreciente contribución del sector agropecuario al PBI) y las transformaciones rurales (los cambios en la productividad en el sector agropecuario). A mayor transformación estructural y rural se esperaría una mayor y más rápida reducción de la pobreza rural. El Fondo Internacional de Desarrollo Agrícola (FIDA) en su reporte sobre desarrollo rural de 2016 revisa esta propuesta y encuentra que para América Latina, si bien la hipótesis se cumple (es decir, los países con mayor y más rápida transformación estructural y rural tienden a ser los que reducen más y más rápido su pobreza rural), se encuentran también países donde esto no se ejecuta automáticamente. Tres factores complementarios han de añadirse a la ecuación: la presencia o no de políticas sociales adecuadas (en particular, los programas de transferencias monetarias), los niveles iniciales de desigualdad y la calidad de las instituciones que han de facilitar el proceso de inclusión de lo rural en los beneficios de los cambios mencionados. En este estudio, el Perú es uno de los casos identificados como de rápida transformación estructural y rural con veloz reducción (significativa) de la pobreza rural. El crecimiento económico viabiliza y potencia los resultados positivos sobre la pobreza, pero no es suficiente. Para lograr reducciones sostenidas en la pobreza rural se requieren, además, acciones redistributivas que acompañen mayores transformaciones en nuestra economía.

La pobreza en las zonas urbanas, por su parte, cobra relevancia en años recientes más que por su incidencia, por su complejidad (Herrera y Cozzubo 2016). Es una pobreza con características sustancialmente distintas a las de la pobreza rural, menos generalizada; sin embargo, en términos absolutos representa algo más de la mitad del total de personas en situación de pobreza en nuestro país. Es una pobreza que convive en ciudades con otros grupos sociales, y son ciudades que ofrecen diferentes contextos para la pobreza también. Lima Metropolitana es distinta de las otras ciudades de escala importante como Arequipa o Trujillo y estas, a su vez, diferentes de las otras capitales departamentales que también difieren de las ciudades intermedias y de las pequeñas ciudades altamente conectadas. Al final, todas desarrollan un complejo y cambiante entorno urbano, donde la pobreza y la desigualdad interactúan de formas complejas.

El Perú de fines de los años sesenta era un país desigual, quizás tan o más desigual que hoy. Su estructura social y distributiva era compleja y con poco espacio para la movilidad social. Hoy esa situación parece distinta: sigue siendo una estructura compleja con geografías y territorialidades claramente definidas, pero con grupos sociales menos nítidamente definidos, más interrelacionados y con menos asociación directa con determinados sectores económicos o productivos.

El texto de Webb y Figueroa identifica clases sociales, grupos sociales relativamente homogéneos en su interior, con una pequeña clase media entre los extremos de la distribución; hoy debatimos cada vez más si la nueva y emergente clase media es realmente una clase social, si cuenta con los elementos para ser tratada como tal. El Perú actual obligaría a los autores de este texto a prestar especial atención a la clase media; media por encontrarse entre los sectores ricos, que continúan concentrando el ingreso, y los sectores en situación de pobreza, el quintil inferior de la distribución. La gran mayoría de peruanos se ubica entre estos dos grupos, lo que representa un enorme desafío para las políticas públicas que buscan su consolidación como una clase media en todo el sentido del término, para los procesos de movilidad social que suceden dentro de este complejo segmento y para su economía, dominada por asuntos tan de moda y tan urgentes de atender como el emprendedurismo, la informalidad y la vulnerabilidad. Este grupo, el centro de la distribución, ha sido poco analizado tanto en los años setenta como en la actualidad. En el libro se habla de los asalariados, hoy hablaríamos más de los autoempleados. El entendimiento y el tratamiento de esta porción de la distribución es uno de los temas críticos para entender el Perú, su distribución y sus esquemas de movilidad social.

Como bien señalan Huber y Lamas (2017), la estructura del país dejó de ser una pirámide para convertirse en un rombo, con una mayoritaria clase media. Una clase media que, más allá de su cuantificación en términos económicos o de su acceso a recursos monetarios suficientes para situarse fuera de la condición de pobreza, está formada por un conjunto diverso de grupos, patrones sociales y estrategias de vida que no necesariamente se rigen por los mismos objetivos ni aspiraciones. Por ello, indagar sobre su heterogeneidad —en contraposición a definir las características de la (única) clase media— resulta un componente ineludible de cualquier análisis acerca de la nueva distribución del ingreso en el Perú.

Esta moderna situación, más compleja de analizar justamente por la heterogeneidad dentro de los tradicionales grupos sociales, abre viejos debates y los vuelve a hacer centrales. La movilidad social, las identidades, las motivaciones y las estrategias económicas y políticas de los grupos que dan cuerpo a la nueva estructura social son asuntos poco trabajados aún. Por ello, los estudios recientes han complejizado las preguntas y aproximaciones hacia el tema de la desigualdad y la pobreza, dejando los asuntos de su medición solo como un subconjunto de ellos, más que como una cuestión instrumental (Cotler y Cuenca 2011, Revez 2013, Thorp y Paredes 2011, Zapata y Rojas 2013, Contreras et ál. 2015). Hoy las desigualdades intragrupo son tan o más complejas de enfrentar que aquellas entre distintos grupos. Y es allí, precisamente, donde este libro constituye un claro hito que permite entender la relevancia y profundidad de tales cambios.

Para cerrar esta introducción es necesario enfatizar que la discusión sobre la desigual distribución del ingreso, la propiedad y las rentas ha estado en los debates sobre la política, la sociedad y la economía peruana desde los inicios de nuestras ciencias sociales, y ha sido abordada a partir de entradas temáticas y disciplinarias diversas y en coyunturas políticas y sociales distintas. Una revisión rápida de los títulos publicados por el Instituto de Estudios Peruanos (IEP), en sus más de 50 años de existencia, refleja la múltiples entradas que se han utilizado para abordar el problema de la desigual distribución y sus consecuencias, así como el desafío de eliminar la pobreza. El tema distributivo, la pobreza y la desigualdad han estado en la agenda de las ciencias sociales peruanas desde sus inicios, y por ende en la del IEP, y lo siguen estando.

Este libro hace parte de un conjunto de reediciones de textos ya clásicos en las ciencias sociales que conforman el catálogo editorial del IEP. Ello justamente nos permite seguir alimentando los debates actuales a partir de una historia, de viejas y nuevas preguntas, con evidencia, con teoría. Entender el país exige observar largos periodos de tiempo y mirar más allá del Perú. No podemos hacer análisis consistentes si no ponemos la coyuntura en perspectiva comparada. El texto que sigue nos habla de una coyuntura y de una estructura que resultan fundamentales para comprender la coyuntura y estructura actual del país.

Para el lector que como yo relee este clásico, y para el que nunca lo leyó antes, el texto aquí reeditado es una invitación a poner en perspectiva lo que estamos discutiendo hoy en torno a la desigualdad y la eliminación de la pobreza. Ciertamente, se requieren algunas licencias para comparar lo que este texto ofrece con las sofisticadas medidas y datos sobre pobreza y desigualdad que hoy día discutimos, pero si lo hacemos —con los cuidados del caso— podremos poner en perspectiva un proceso de transformación donde probablemente veremos mayores cambios en lo sucedido con la pobreza que con la desigualdad en estos más de 40 años desde que se publicó la primera edición de este libro.

Hay mucho que ha cambiado entre lo que presentan y discuten estos textos de Webb y Figueroa, y hay mucho que se produjo en nuestras ciencias sociales a partir de este trabajo en materia de desigualdad y pobreza en el Perú; pero también hay mucho que sigue igual. Para ponderar qué cambió y por qué, y con ello pensar qué puede seguir cambiando y qué no, es que este libro resulta de lectura obligatoria para analistas, hacedores de política pública e investigadores sociales. El desafío de reducir la desigualdad, las múltiples desigualdades del Perú, y la eliminación de la pobreza siguen estando en el centro del debate sobre el país que queremos y podemos construir.

Lima, agosto de 2017

Bibliografía

Atkinson, Anthony Barnes
2015 *Inequality: what can be done?* Cambridge: Harvard University Press.

Calvo-González, Oscar, Andrés Castañeda, Marpia Farfan, Germán Reyes y Liliana D. Sousa
2017 *How is the Slowdown Affecting Households in Latin America and the Caribbean?* Washington D. C.: Banco Mundial.

CEPAL-Comisión Económica para América Latina y el Caribe
2016 *Panorama Social de América Latina, 2015.* Santiago de Chile: CEPAL. Disponible en: <http://repositorio.cepal.org/bitstream/handle/11362/39965/4/S1600175_es.pdf>.

Contreras, Carlos et ál.
2015 *La desigualdad de la distribución de ingreso en el Perú: orígenes históricos, dinámica política y económica.* Lima: Fondo Editorial de la Pontificia Universidad Católica del Perú.

Cord, Louise, María Eugenia Genoni y Carlos Rodríguez-Castelán
2015 *Shared prosperity and poverty eradication in Latin America and the Caribbean.* Washington, D. C.: World Bank Group.

Cotler, Julio y Ricardo Cuenca
2011 *Las desigualdades en el Perú: balances críticos.* Lima: Instituto de Estudios Peruanos.

De los Ríos, Carlos
2011 "El modelo de los extremos y la desigualdad económica en el Perú". En Julio Cotler y Ricardo Cuenca (eds). *Las desigualdades en el Perú: balances críticos*. Lima: Instituto de Estudios Peruanos.

Escobal, Javier
2014 *Trampas territoriales de pobreza y desigualdad en el Perú*. Documento de Trabajo n.° 136. Santiago de Chile: RIMISP.

Escobal, Javier y Carmen Ponce
2012 *Polarización y segregación en la distribución del ingreso en el Perú: trayectorias desiguales*. Documento de investigación. Lima: Grupo de Análisis para el Desarrollo Pobreza y Equidad.

FIDA-Fondo Internacional de Desarrollo Agrícola
2016 *Rural Development Report 2016. Fostering inclusive rural transformation*. Roma: Fondo Internacional de Desarrollo Agrícola.

Herrera, Javier
2017 Presentación de "Pobreza Monetaria 2016". 10 de mayo de 2017 (en acto de lanzamiento de las cifras oficiales de pobreza 2016). Lima: Instituto Nacional de Estadística e Informática.

Herrera, Javier y Angelo Cozzubo
2016 *La vulnerabilidad de los hogares a la pobreza en el Perú, 2004-2014*. Documento de Trabajo, Departamento de Economía n.° 429. Lima: Pontificia Universidad Católica del Perú.

Huber, Ludwig y Leonor Lamas
2017 *Deconstruyendo el rombo. Consideraciones sobre la nueva clase media en el Perú*. Lima: Instituto de Estudios Peruanos.

INEI-Instituto de Estadística e Informática
2017 *Informe Técnico de la Pobreza 2007-2016*. Lima: Instituto de Estadística e Informática.

Levy, Santiago
2016 *Poverty in Latin America: Where do we come from, where are we going?* Disponible en: <https://www.brookings.edu/opinions/poverty-in-latin-america-where-do-we-come-from-where-are-we-going/>.

Lustig, Nora, Luis López-Calva, Eduardo Ortiz-Juarez
2013 "Deconstructing the decline in inequality in Latin America". En Robert Devlin, José Machinea y Oscar Echeverria (eds). *Latin America*

Development in an Age of Globalization: Essays in Honor of Enrique Iglesias. Miami: Eagle Press.

Oxfam
2017 *An economy for the 99%. It's time to build a human economy that benefits everyone, not just the privileged few*. Policy Paper, enero. Disponible en: <https://www.oxfam.org/sites/www.oxfam.org/files/file_attachments/bp-economy-for-99-percent-160117-en.pdf>.

Revez, Bruno
2013 *Miradas cruzadas: políticas públicas y desarrollo regional en el Perú*. Lima: Instituto de Estudios Peruanos, Centro de Investigación y Promoción del Campesinado.

Thorp, Rosemary y Maritza Paredes
2011 *La etnicidad y la persistencia de la desigualdad: el caso peruano*. Lima: Instituto de Estudios Peruanos.

Yamada, Gustavo, Juan Castro y Nelson Oviedo
2016 "Revisitando el coeficiente de Gini en el Perú: el rol de las políticas públicas en la evolución de la desigualdad". Documento de Discusión DD1606. Lima: Centro de Investigación de la Universidad del Pacífico.

WEF-World Economic Forum
2017 *The Inclusive Growth and Development Report 2017*. Ginebra: World Economic Forum.

Zapata, Antonio y Rolando Rojas
2013 *¿Desiguales desde siempre? Miradas históricas sobre la desigualdad*. Lima: Instituto de Estudios Peruanos.

Presentación

Conscientes de la escasez de trabajos que, a escala nacional, analicen la distribución del ingreso y de los límites de los ensayos parciales realizados hasta ahora, el Instituto de Estudios Peruanos publica este volumen escrito por dos economistas peruanos de bien ganado prestigio internacional en el tratamiento de este tema. Aunque las investigaciones de Richard Webb y Adolfo Figueroa cubren un periodo relativamente corto (1950-1973), tienen el mérito de ofrecer una primera apreciación global del problema refiriéndolo a la situación estructural de la economía peruana.

El trabajo de Webb abarca el lapso comprendido entre 1950 y 1971. Al analizar especialmente el estado de la distribución del ingreso en 1961, con base en la mejor información disponible para entonces, construye un modelo explicativo de los mecanismos distributivos del ingreso en el Perú. Este modelo le permite evaluar la política económica del gobierno de Belaunde y la de los primeros años del actual régimen y, al mismo tiempo, mostrar características estructurales de la distribución del ingreso. De ese modo, el a veces frío tratamiento de los números y porcentajes adquiere una dimensión que descubre la complejidad del problema no solo en el campo económico, sino en sus connotaciones políticas y sociales. Al hacerlo esclarece las alternativas y dificultades implícitas en las distintas estrategias de desarrollo económico frente a las cuales debe optar un país, como el Perú, dispuesto a superar los desbalances y contradicciones de su actual estructura.

Adolfo Figueroa, en cambio, concentra su estudio en la etapa comprendida entre 1968 y 1973. En este lapso, el autor analiza los efectos en la distribución del ingreso derivados de las transformaciones efectuadas por el Gobierno Revolucionario de la Fuerza Armada, especialmente la reforma agraria y la creación de la comunidad laboral en la industria, minería y pesquería. Interesado en establecer cómo las reformas sectoriales han modificado los niveles de riqueza y pobreza, Figueroa demuestra que estas reformas no tienen un alcance significativo para los grupos más pobres del país, ya que los principales beneficiarios de ellas, aunque trabajadores, están situados en los grupos mejor ubicados. La causa de este limitado alcance es que, en una economía de mercado, dichas reformas no logran desligar el nexo entre producción y distribución, ruptura que para el autor resulta esencial a fin de otorgar verdadero alcance a cualquier movimiento redistributivo. Las conclusiones de Figueroa, al determinar la posición de los distintos sectores afectados por la política gubernamental, señalan con lucidez las contradicciones y posibilidades que implica sobrepasar los niveles de pobreza en que se encuentra la mayor parte de la población del país.

De ambos estudios se desprende un hecho fundamental que constituye uno de los principales aportes de este libro: el ingreso se redistribuye básicamente *dentro* de sectores socioeconómicos específicos y no *entre* sectores, es decir vertical y no horizontalmente, para expresarlo con las palabras de los autores. La redistribución entre distintos sectores de la población, que sería lo más urgente e importante para los grupos más pobres, se presenta así como uno de los retos más apremiantes de la actual cuyuntura político-económica del pats. Estamos persuadidos de que las observaciones acumuladas con paciencia y responsabilidad por Webb y Figueroa son una útil contribución al esclarecimiento y debate de un tópico de vital importancia que, además, requiere de amplia y precisa información. Los organismos del gobierno deberían contribuir eficientemente en esta tarea, a fin de que el país sepa cómo nos vamos aproximando al logro de la sociedad socialista peruana, en la cual las responsabilidades sean compartidas solidariamente por todos sus habitantes, sin recortes ni discriminación; es decir, una sociedad en donde la distribución del ingreso demuestre que todos los grupos de base del país están en condiciones de participar igualitariamente en el poder.

José Matos Mar

Introducción

Existe una pronunciada brecha entre el interés y el conocimiento de los hechos referentes a la justicia social. Esta brecha se ha hecho más evidente en los últimos años, a medida que la política redistributiva ha venido a ocupar el centro de la escena y que la investigación empírica del tema sigue rezagada. En el caso de nuestro país, con un gobierno de declarada política redistributiva, se están financiando numerosos proyectos para estimar matrices de insumo-producto y de flujo de fondos, sin que hasta el momento se realice un esfuerzo similar para reunir datos básicos sobre la distribución del ingreso. ¿Hasta qué punto la oligarquía reorientó la política redistributiva a su favor? ¿Es la distribución del ingreso en el Perú menos equitativa que en otros países? ¿Ha empeorado en las últimas décadas? ¿Las recientes medidas han tenido algún efecto significativo sobre la desigualdad del ingreso? Este libro escrito por dos investigadores, en forma independiente, ofrece algunas respuestas a estas preguntas.

Los datos y conclusiones que ofrecemos constituyen una primera cosecha en un campo hasta ahora virgen. Admiten e incluso exigen más trabajo y superación. De todos modos, tienen el mérito de contribuir a la discusión pública del problema de la distribución del ingreso con razonamientos basados en cuidadosas investigaciones empíricas. Al igual que todo resultado científico, estos ensayos reclaman una crítica constructiva, si bien cualquier progreso en la materia derivará solo de aportes adecuadamente documentados y seriamente analizados.

La falta de perspectiva empírica sobre la distribución del ingreso es, en parte, responsable de las muchas paradojas que caracterizan las actitudes y las políticas redistributivas. En una oportunidad, por ejemplo, tuve ocasión de ver un cartelón estudiantil que hacía un llamado a "los obreros y las clases medias empobrecidas" para protestar contra ciertas disposiciones del Gobierno, en una universidad donde ser "clase media", empobrecida o no, significaba vivir en Miraflores o San Isidro y, en muchos casos, ir a clases en auto propio. También, con frecuencia, se contrapone a la oligarquía una "masa proletaria" que incluye tanto a obreros como a campesinos, cuando los primeros perciben ingresos hasta diez veces superiores a los últimos. En general, los estándares de la justicia son más exigentes para la población rural que para la urbana: los alquileres se consideran "injustos" cuando un campesino alquila su tierra a otro, pero no lo son cuando en Lima un ingeniero alquila su departamento. También extraña que todo el sistema impositivo haya sido más progresivo en su incidencia; es decir, quienes tenían mayores ingresos pagaban más durante los gobiernos "conservadores" de la década de 1950 que en los regímenes reformista de Belaunde y revolucionario de Velasco. Las políticas redistributivas se preocupan más en atacar las concentraciones más visibles del ingreso y la riqueza que en aliviar la extrema pobreza. Recibe mayor énfasis la quiebra de los privilegios que el alza del nivel de bienestar. El resultado es mucha redistribución que hace muy poco por quienes más la necesitan.

La primera tarea en el estudio de la redistribución del ingreso es estadística. Debe estimarse un conjunto detallado de cuadros de distribución que dentro de la pirámide económica identifique la posición de todo grupo importante —social, regional, ocupacional, etc—. Un mapa de esta naturaleza permitiría apreciar el alcance preciso de cada medida redistributiva. El primer ensayo de este volumen intenta tal conjunto estadístico, y presenta los principales resultados de un largo y detallado estudio cuantitativo sobre la distribución del ingreso en 1961 y las tendencias de tal distribución entre 1950 y 1966. La metodología en que apoya sus estimaciones ya ha sido publicada (Webb 1972c). El ensayo, que pretende además dar una visión general de la incidencia distributiva del gobierno nacional en el periodo 1963-1971, se centra en dos preguntas: ¿en qué grado cambia, en dicho periodo, el impacto de las políticas redistributivas? y ¿cuánto de esa distribución le ha llegado a los más pobres? Estas cuestiones han sido estudiadas con la ayuda de un modelo simple de tres sectores, que enfatiza el dualismo de nuestra economía, y de un estudio estadístico de varias medidas gubernamentales. Las respuestas: que hay una considerable continuidad —tanto en el patrón como en el alcance de la redistribución entre 1963 y 1971— y que muy poco ha llegado a los grupos más pobres requieren cierta explicación, pues van en contra de la opinión general creada por los muchos cambios institucionales, tanto en los organismos gubernamentales como en las instituciones económicas. Así, el impacto cuantitativo de todos esos cambios legislativos ha sido pequeño en relación con la magnitud de las desigualdades existentes. En segundo lugar, los beneficios han sido mal distribuidos: en todo el periodo 1963-1971, la mayor parte de la redistribución ha favorecido a una proporción relativamente pequeña de la población, que en gran parte ya disfrutaba de ingresos muy por encima del promedio nacional.

El ensayo de Figueroa, que trata de la política de redistribución, ofrece un examen detallado de las más radicales y recientes medidas distributivas: reforma agraria y comunidades laborales. Este examen lo plantea en el marco de una discusión teórica de la distribución de los ingresos de mercado. Estas consideraciones a priori son útiles para explicar su conclusión sobre el limitado impacto redistributivo de las actuales transferencias de propiedad. Demuestra que las reformas transfieren el ingreso solo dentro del 25% más rico de la población y, además, que solo transfieren el 2 o 3% del ingreso nacional. Figueroa señala también la implicancia de las medidas que buscan la justicia en forma segmentada, o sea solo *dentro* de cada sector económico.

De estos dos trabajos surge un cuadro algo contradictorio de la evolución distributiva. Un enfoque a corto plazo evidencia importantes desigualdades y una limitada redistribución; a largo plazo, conforme muestro en mis estimaciones de tendencias del ingreso entre 1950 y 1966, revela un cambio gradual: los ingresos absolutos de una mayoría se han elevado paulatinamente y la política redistributiva se ha extendido a grupos cada vez mayores. Sin embargo, ni en el corto ni en el largo plazo se constata mejora significativa para los muy pobres: de 20 a 30% de la población ha sido dejado de lado, tanto por el crecimiento del ingreso nacional como por los beneficios de las medidas redistributivas del Gobierno. Esto parece ser resultado, en parte, de las dificultades administrativas para llegar hasta ese grupo, pero también de políticas que no toman en cuenta medidas sustanciales para lograr un mayor efecto redistribuidor.

¿Cuáles son las principales alternativas de una política redistributiva? Una distinción útil es la siguiente:

a) políticas que *redistribuyen* ingresos ya generados por el mercado (por ejemplo a través de los impuestos);
b) las que *cambian* la conformación *original* de la distribución de los ingresos de mercado (por ejemplo las transferencias de propiedad); y
c) el control directo y la asignación del ingreso real por mecanismos que *no son de mercado.*

Este último sistema elimina la mayor parte del "problema" distributivo al quebrar el lazo entre producción y distribución: lo que uno recibe ya no está necesariamente vinculado a lo que uno produce. Sin embargo, hasta ahora, ningún gobierno en el Perú ha estado dispuesto a abandonar una economía de mercado. Entre 1963 y 1971 los enfoques de política distributiva han consistido en redistribuir los ingresos de mercado antes o después de su aparición (modalidades i y ii), si bien es cierto que esta última modalidad (ii) está recibiendo un creciente énfasis.

Los mecanismos principales para reformar la distribución original de mercado son: redistribuir la propiedad del capital y cambiar la estructura de la producción para reducir el grado de concentración del capital, repartiéndola geográficamente y entre un número mayor de trabajadores. Las dificultades que el primer mecanismo enfrenta se discuten en el ensayo de Figueroa y las del segundo en la del suscrito. En una economía dualista la redistribución de la propiedad excluye al más necesitado. Por otra parte, las perspectivas para reducir el dualismo no son alentadoras: en el mejor de los casos será un proceso lento. Además, los cambios rápidos, tanto en la estructura de la producción como de la propiedad, pueden afectar negativamente a los más pobres si baja la tasa de crecimiento de la economía, o si se reduce el excedente del sector urbano, disponible para ser transferido a los grupos necesitados del sector tradicional.

Un primer paso hacia un efectivo proceso de igualación económica debe consistir, quizás, en un esclarecimiento de los principios éticos que sustentan la búsqueda de la justicia social. ¿Cuál es prioritario, más igualdad o menos pobreza extrema? Se ha visto que es posible disminuir la pobreza extrema acrecentando la desigualdad. Incluso puede haber conflicto entre estos fines: es cierto que los altos ingresos capitalistas ya no se consideran necesarios para lograr un elevado nivel de ahorro, pero muchos teóricos arguyen que el alto sueldo del administrador de una SAIS (Sociedad Agrícola de Interés Social) es compatible con la elevación del nivel de vida del comunero. ¿Se justifica entonces cierto grado de desigualdad? ¿Quién decide el grado "aceptable"? También debe esclarecerse la noción de justicia social. Comúnmente, esta es interpretada, tanto por el capitalista como por el marxista, como un derecho a lo que uno produce: el peón agrícola tiene derecho a todo su producto. Pero ¿a nada más? Si el país es pobre en tierras pero rico en minas, petróleo y pesca, ¿qué *derecho* tienen las grandes masas campesinas sobre esas riquezas? ¿El obrero minero tiene más derecho al usufructo de la riqueza minera? Si el minero lo reparte con el campesino ¿es porque este tiene derecho o es por caridad?

Se desprende que el énfasis puesto por la teoría marxista en el conflicto capital-trabajo y, por lo tanto, sobre los ingresos del capitalista puede ser engañoso en una economía dualista, en la que existen grandes diferencias dentro de la categoría de ingresos de trabajo (un empleado público de nivel medio percibe un ingreso cincuenta veces mayor que el del campesino más pobre) y donde la concentración geográfica de la propiedad hace difícil la justa redistribución de los ingresos de propiedad, salvo si se socializa totalmente dicha propiedad. Es decir, en una economía dualista y de mercado no hay una vía fácil para igualaciones sustanciales. En esas circunstancias, la transformación estructural de la sociedad, si bien reduce ciertas desigualdades, tiende a reforzar otras.

Las conclusiones de estos ensayos no deben ser tomadas con pesimismo, sino concebidas como un reto. Así, Figueroa concluye su estudio con estas palabras:

> Todas las dificultades señaladas en estos breves comentarios no deberían interpretarse como una visión pesimista del futuro del Perú o de cualquier otro país que lucha contra la pobreza. Estos comentarios [...] deben interpretarse como una manera de comprender el carácter desafiante y complejo del problema del desarrollo económico.

RICHARD WEBB

1

Políticas gubernamentales y distribución del ingreso en el Perú, 1961-1971

RICHARD WEBB

LA DISTRIBUCIÓN DEL INGRESO (1961)

En un estudio de política redistributiva, la estadística sobre la distribución del ingreso personal debe permitir la elaboración de un mapa de operaciones que provea las perspectivas necesarias para juzgar las medidas redistributivas específicas y evaluar de un modo más realista sus posibilidades.

En tal mapa el detalle es esencial. Las estadísticas sumarias —coeficiente de Gini o la *ratio* entre la participación del decil superior y del inferior—[1] miden la distancia a recorrer en la transferencia, pero no indican la ruta a seguir. Más que *una* distribución del ingreso 10 que se necesita es un *conjunto* de cuentas distributivas enlazadas con otras cuentas sociales. Y como la legislación se refiere a la "agricultura" o a la "industria", pero nunca al "decil superior", un conjunto útil de cuentas distributivas debe organizarse en términos de los grupos sociales para los que comúnmente se diseñan las políticas redistributivas.

---

1. Es decir, la participación en el ingreso nacional del 10% más rico y del 10% más pobre, una vez que la población económicamente activa ha sido ordenada de los que tienen más ingreso a los que tienen menos ingreso

Este capítulo presenta algunas cuentas de distribución del ingreso en el Perú y comenta sus principales características. Dichas cuentas representan una mejora en relación con las que anteriormente se han elaborado.[2] Incorporan además información reciente, obtenida mediante encuestas, referente a la población laboral independiente (aproximadamente la mitad de la fuerza laboral total), cuyos datos anteriormente fueron, en su mayor parte, fruto de la imaginación.[3] Dichas cuentas contienen parte del detalle requerido para la evaluación de políticas redistributivas e incluyen una desagregación geográfica a escala provincial que es útil para estudiar los gastos públicos.

---

2. Las estimaciones anteriores son:
Brady, Eugene (1968). *The distribution of total personal income in Peru*. International Studies in Economics, Monograph n.º 6. Iowa State University: Ames. Las cifras fueron obtenidas del Instituto Nacional de Planificación, excepto la estimación independiente para el sector agrario, basada en una encuesta de fundos de 1963. Esta última encuesta fue diseñada para estimar la producción total, no los niveles de ingreso, y, por lo tanto, fue pobre en su cobertura de los pequeños campesinos. La distribución está distorsionada por errores computacionales que subestiman los salarios en la mitad y los sueldos en las tres cuartas partes.
Instituto Nacional de Planificación (1966). *La evolución de la economía en el período 1950-1965*. Vol. I, pp. III-12-IU-54. Los sueldos y salarios se basan en datos no ajustados del censo de 1961; los ingresos de los trabajadores independientes son estimaciones del ingreso promedio por sector; los ingresos por propiedad se obtuvieron como residuos de las cuentas del valor agregado de sectores de bienes; en los sectores de servicios se estimaron por coeficientes.
García Amador, Raúl (1967). La distribución del ingreso por niveles en el Perú. Tesis de Bachiller, Universidad Nacional Mayor de San Marcos. García fue el responsable de las estimaciones de la distribución del ingreso del Instituto Nacional de Planificación. Sus propios estimados incorporan revisiones del trabajo del INP, aunque la metodología fue esencialmente la misma y no se usaron nuevas fuentes principales.
Ciro Alegría, quien contribuyó con los estimados de distribución de ingresos que se encuentran en Ciasa, *Estudio sobre la incidencia de la tributación en el Perú*, un estudio de la incidencia impositiva hecho por una consultoría privada. Alegría también utiliza datos censales de sueldos y salarios, así como aproximaciones para los independientes, pero sus ingresos por propiedad se basan en datos de las Cuentas Nacionales del Banco Central de Reserva.

3. Pronto se podrán lograr grandes mejoras usando trabajos estadísticos que actualmente se están procesando: la primera encuesta nacional de hogares, una encuesta nacional de consumo de alimentos, el Censo de 1972 y las declaraciones juradas de impuestos que ahora incorporan dividendos.

Características principales

El cuadro 1 revela un grado extremo de desigualdad. El primer decil recibió algo más del 49% del ingreso, porcentaje mayor al de la mayoría de países en proceso de desarrollo, aunque comparable al que tal decil logra en Colombia, Brasil y México, según se aprecia en el cuadro 2. Sin embargo, en el Perú los pobres percibieron algo menos; los deciles inferiores el 2,5% y los seis últimos deciles solo el 18,2%, lo que es bastante menos del 30% que Kuznets cita como característico tanto en los países desarrollados como en los subdesarrollados (Kuznets 1969: 424). El Perú presenta características similares a las de esos tres países: industrialización incipiente, una herencia colonial de relaciones sociales y de clase altamente estructuradas, y sectores modernos y tradicionales muy contrastados.

Cuadro 1
Distribución del ingreso nacional y personal por deciles, 1961

	Participación	
Deciles de fuerza laboral	Ingreso personal	Ingreso nacional
I	1,0	1,0
II	1,5	1,4
III	2,2	2,0
IV	3,3	3,0
V	4,3	4,1
VI	5,9	5,5
VII	7,6	7,0
VIII	9,8	9,2
IX	15,2	14,0
X	49,2	52,8
(5% superior)	(39,0)	(43,0)
(1% superior)	(25,4)	(30,5)

Fuente: Construido a partir de la distribución del ingreso del trabajo y de la propiedad mostrada en el cuadro 3.

A este dualismo se asocia una amplia dispersión de ingresos. La *ratio* entre la participación de los deciles superior e inferior fue de 49:1. Probablemente lo más significativo es que la desigualdad es más profunda que la alta participación que favorece a un puñado de propietarios muy ricos. Si se deducen los dividendos, rentas e intereses de lo que recibía el decil superior, las relaciones entre las porciones del primer y último decil eran todavía de 32:1.

Las remuneraciones de los receptores del decil superior comenzaban en S/ 26.000 anuales,[4] siendo la mediana del ingreso de este grupo de S/ 34.000 anuales. Esta puede ser "clase media" o aun modesta, según los estándares de los países desarrollados, pero debe tenerse en cuenta que más de la tercera parte de la población percibía ingresos por debajo de los S/ 5000 anuales.

Cuadro 2
Participación percentil en el ingreso

Países seleccionados	20% Inferior	60% Superior	10%
Perú	3,5	18,2	49,2
Brasil*	4,2	22,0	49,0
Colombia**	2,5	26,0	48,0
México***	4,2	20,9	49,9
44 países (promedio)****	5,6	26,0	44,0

* Fishlo 1972: 392, 399.
** Urrutia y Sandoval 1970: 992.
*** Navarrete 1980: 37.
**** De una recopilación reciente de Adelman y Taft Morris 1971, que da cuenta de participaciones percentiles del ingreso nacional para 44 países poco desarrollados. Las participaciones fueron de 30% y 56%, respectivamente, lo que implica una participación del decil superior en el ingreso nacional de 44% y en el ingreso personal de alrededor del 40%.

En el Perú las grandes distancias verticales son características no solo en su geografía. Así, cualquier subdivisión de la población es ejemplo del alto grado de dispersión del ingreso. "Clases sociales",

4. La tasa de cambios en 1961 era de 26,81 soles por dólar.

como las del asalariado urbano o el campesino serrano, muestran gran heterogeneidad en cuanto a los ingresos, como puede verse en los cuadros 3 y 4. Los salarios en las ciudades, por ejemplo, iban de S/ 5000 anuales a S/ 40.000, a través de tres cuartiles. Como era de suponer, los trabajadores urbanos independientes tenían ingresos aún más disímiles: 15% correspondía al cuartil inferior y 22% al cuartel superior; 8% se encontraba en el decil superior.

Tal vez los polos geográficos de la distribución del ingreso estén mejor representados en la ciudad de Lima y los cinco departamentos contiguos de la sierra sur —la llamada "mancha india"— que concentran la mayoría de la población indígena.[5] Los ingresos promedio diferían agudamente: S/ 7400 anuales en dicha área y S/ 23.000 en Lima. Pero la diferencia dentro de estas regiones es igualmente significativa. En ambas, los ingresos abarcaban los cuatro cuartiles (cuadro 4). La dispersión fue mayor en la mancha india, donde la mitad estaba en el cuartil superior y el 6% en el decil superior.

El grado tan marcado de dispersión de ingresos, tanto en el interior de cada grupo como entre ellos, puede estudiarse examinando la posición de los distintos estratos en la distribución nacional, determinando quiénes son los ricos, los pobres y los grupos medios.

Los ricos

La mayor parte de ingresos por concepto de propiedad la percibían unos cuantos centenares de familias. En 1961, las utilidades que incluían las ganancias retenidas de las empresas, los intereses y alquileres en efectivo conformaban el 23% del ingreso nacional. Dada la naturaleza restringida de la propiedad accionaria, y teniendo en cuenta el conocimiento general respecto a la concentración de la riqueza en el Perú,[6] es probable que casi todo fuera recibido por los

---

5. Apurímac, Ayacucho, Cuzco, Huancavelica y Puno. Véase Cotler 1969. Cotler incluye el departamento de Ancash, donde el ingreso promedio es 60% más alto (véase cuadro 6), y, por lo tanto, aumenta la dispersión de ingresos dentro de la región, tal como él la define.

6. Véase Malpica 1970 para una lista de empresas en la cual se incluye el capital social, así como los nombres de los directores.

Cuadro 3

Fuerza laboral e ingresos por tipo y nivel de ingresos, 1961

Ingreso anual (miles de soles)		Agricultores Fuerza laboral (en miles)					Ingresos (en millones de soles)			
		Sierra rural	Costa y selva	Obreros	Empleados	Independientes urbanos	Total	Trabajo	Propiedad	Total
		(1)	(2)	(3)	(4)	(5)	(6)	(7)	(8)	(9)
	2	349	0,7	17	1	30	400	619	24	643
2,1	3	229	5	21	3	29	289	722	29	751
3,1	5	253	14	83	8	63	429	1699	73	1772
5,1	7,5	128	16	201	15	84	459	2842	14	2984
7,6	10	72	25	107	19	80	312	2727	164	2891
10,1	12,5	52	23	86	20	45	233	2626	158	2784
12,6	15,0	34	17	42	28	26	183	2422	145	2567
15,1	20	26	28	82	59	37	240	4180	251	4431
20,1	30	40	49	51	91	46	280	6849	442	7291
30,1	70	13	17	23	64	26	149	5567	497	6064
50,1	100		0,6	3	18	7	30	1761	337	2098
70,1	500			0,8	12	3	17	1401	429	1830
100,1				0,2	11	0,3	13	2138	1143	3281
500,1 y más									9900	9900
Totales		1196	196	747	350	476	3034	35.553	13.734	49.287

Col. (1) Véase cuadro 4 para las definiciones de los grupos de fuerza laboral.
Col. (6) Incluye 69.000 trabajadores agrícolas, no especificados, distribuidos aquí según la suma de las columnas.
Col. (8) Incluye S/ 3200 millones, de beneficios no distribuidos de corporaciones.
Col. (9) El ingreso total difiere en 8,1% de las cifras de las cuentas nacionales (53.687 millones). La diferencia se debe en parte a ingresos estimados en menos para algunos trabajadores independientes y a alguna omisión de la fuerza laboral en estos estimados, y en parte no está explicada.

Cuadro 4
Distribución de los grupos de fuerza laboral por percentiles de la distribución nacional 1961
(miles de personas)

	Cuartiles (rango de ingreso en miles de soles)				Percentiles superiores		Fuerza laboral (miles)		Ingreso (miles de soles)
	Inferior 3,2	II 3,2-7	III 7,1-14,4	Superior 14,5+	10% 26+	5% 14+	1 70+		
Total Perú Grupos ocupacionales	758	758	758	758	303	152	30	3034	11,61
1. Sierra rural	610	335	167	84	24	12	-	1196	5,4
2. Agricultura costa y selva	8	25	65	98	35	14	-	196	16,2
3. Obreros	52	254	254	187	45	15	-	747	11,1
4. Empleados	-	25	67	259	137	8,8	25	350	30,2
5. Independientes urbanos	67	139	157	124	52	29	5	476	12,6
Regiones									
6. Rural	659	538	330	208	69	35	-	1735	7,3
7. Urbano	78	247	429	546	234	143	26	1299	19,5
8. Lima	25	80	180	334	130	62	22	619	23,3
9. Mancha india	383	158	105	105	45	17	4	750	7,4

va...

...viene

	Cuartiles (rango de ingreso en miles de soles)				Percentiles superiores		Fuerza laboral (miles)		Ingreso (miles de soles)
Sectores									
10 Moderno	-	23	153	411	158	70	29	581	30,2
11. Urbano tradicional	83	236	312	160	41	19	-	792	10,9
12. Rural tradicional	631	341	222	186	64	36	-	1392	11,7

1. La fuente para todas las cifras aquí mostradas fue la estadística de la distribución de ingresos cuya derivación se explica en el apéndice de Webb 1972c.
2. Las inconsistencias entre los totales de fuerza laboral para las distintas clasificaciones se deben a los distintos números de los trabajadores clasificados como "no especificado" con respecto a distintas categorías: ingreso, ocupación o sector Industrial.
3. Los ingresos promedios para Lima (línea 8), urbanos (línea 1) y sector moderno (línea 10) excluyen los beneficios de las corporaciones. La tasa de cambio en 1961 era de S/ 26,81 por dólar norteamericano.

Línea 1 Excluye empleados rurales y mineros rurales; incluye trabajadores agrícolas urbanos. La definición censal de urbano incluye todas las capitales de distrito y otros pueblos con una población mayor que la de la respectiva capital de distrito

Línea 1-2 Las regiones de costa, sierra y selva se definen por la clasificación provincial del cuadro 6.

Línea 3 Excluye "colonos" asalariados en haciendas serranas.

Línea 5 Incluye empleados domésticos.

Línea 6-7 Véase nota de la línea 1.

Línea 9 Incluye departamentos de Apurímac, Cuzco, Huancavelica y Puno.

Línea 10 Incluye Gobierno, establecimientos urbanos con cinco o más personas, haciendas azucareras, minas y profesionales independientes.

Línea 11 Todos los otros "urbanos" que no pertenecen al sector moderno, pero excluye a los agricultores urbanos de la sierra.

integrantes del 1% superior, y que la mayor parte —estimada en el 19% del ingreso nacional— fuera disfrutada por unos cien o doscientos propietarios con ingresos anuales millonarios.[7]

El siguiente escalón en la pirámide de ingresos —menos de un millón de soles anuales— corresponde a lo que generalmente se describe como "clase media", la que podemos definir como el 1% superior de la población económicamente activa, esto es aproximadamente unas 30.000 personas. En 1961, el ingreso anual mínimo para integrar ese grupo era de S/ 70.000. Un criterio práctico para definir el estatus de clase media en el Perú es la propiedad de automóviles: en 1961 había de 30.000 a 50.000 en manos de particulares.

La clase media recibía el 11,4% del ingreso nacional, del cual dos tercios corresponden a sueldos de altos empleados y a los ingresos de los independientes, en la mayor parte profesionales. La tercera parte, que se percibe como ingresos de la propiedad, tiene orígenes distintos: algunos son empresariales y corresponden a los beneficios de empresas medianas y pequeñas; otros son rentas de alquileres urbanos y de haciendas. Buena parte del ingreso neto generado en las haciendas se distribuyó entre múltiples dueños, debido a la proliferación familiar. Muchas familias de clase media de Lima derivaban ingresos suplementarios de su parte heredada en una gran hacienda.

Podría ser relevante observar que ha habido un alto grado de movilidad vertical, en ambas direcciones, entre los propietarios ricos y la clase media. El rápido crecimiento económico a partir de 1950 impulsó la movilidad ascendente: probablemente solo una minoría de las grandes fortunas de 1961 tenía más de dos generaciones de

---

7. La falta de datos sobre impuestos a la renta explica lo burdo de esta estimación de los muy ricos hasta 1969. Los impuestos a los dividendos se cobraban en forma indirecta, de modo que no se declaraban como parte del ingreso personal. Sin embargo, las cifras del impuesto a la renta nos permiten estimar un mínimo. En 1961, 20 contribuyentes declararon ingresos por encima del millón y medio de soles. En 1966, la cifra fue alrededor de 40 (cifras ajustadas por la inflación: datos de la Superintendencia de Contribuciones). Otro estimado del orden de magnitud es el número de empresas —más de 40— que declararon utilidades por encima del millón de soles en 1966 (a precios de 1961). Finalmente, la proyección de una curva de Pareto, ajustada al cuartil superior de perceptores de ingresos, sugiere que menos de 100 ingresos en 1961 estaban por encima de un millón de soles.

antigüedad, lo que se demuestra al ver entre los muy ricos gran número de apellidos de migración relativamente reciente. Y, como se expresara anteriormente, muchas de las fortunas basadas en el agro se habían diluido entre numerosos accionistas familiares de clase media. Los dos grupos esencialmente conforman la misma clase social, teniendo en común, por ejemplo, la misma raza, familias, colegios, alto grado de educación y lugar de residencia —alrededor de las tres cuartas partes vivía en Lima.

Los percentiles inferiores son más heterogéneos. El 5% más alto comenzaba en 34.000 soles anuales; la mitad correspondía a empleados y la otra mitad incluía obreros altamente calificados, comerciantes, artesanos, agricultores medianos (de 20 a 50 hectáreas) y a otros trabajadores independientes. Aproximadamente un tercio residía en Lima. Aparte de las ganancias y las rentas que recibían las familias de clase media, el ingreso de la propiedad dentro de este grupo, así como dentro de los grupos de ingresos más bajos, podría consistir en renta imputada o un componente no separable del ingreso neto de las pequeñas empresas. El 5% siguiente llegaba hasta los S/ 26.000, con componentes diversificados en forma similar a la anterior, aunque con mayor representación de agricultores (26%). Este segmento del decil superior está presente en muchos pueblos pequeños; por ejemplo, los comerciantes más ricos de Sicuani[8] y la élite local de Moyobamba (CISM 1968: 25).

Finalmente, el cuartil superior incluía a todos aquellos cuyos ingresos sobrepasaban los S/ 14.500 anuales. Su identificación con la ciudad de Lima era fuerte pero no total: el 44% vivía en ella, y algo más de la mitad de la fuerza laboral de Lima estaba en este cuartil. Sin embargo, todos los otros grupos económicos o regionales también estaban representados. Así, 14% vivía en la mancha india, mientras que aproximadamente el 16% se distribuía, excluyendo Lima, en unas 45 ciudades con población superior a 10.000 habitantes.[9] En

---

8. Según una encuesta de presupuestos familiares llevada a cabo por el Instituto Boliviano de Estudios Andinos (Ibeas) en 1968. Véase Negre y Bustillos 1969.

9. Basado en datos inéditos provenientes de encuestas realizadas en 1963, en 41 ciudades, por la Junta Nacional de Vivienda.

cuanto a ocupaciones, un tercio era de empleados, que en su mayoría (73%) ocupaban este cuartil, y el 21 % era de obreros, generalmente en empresas del sector moderno. Por otra parte, había un fenómeno casi igual de agricultores tanto en la sierra (10% del grupo) como en la costa y selva (12%).

Los pobres

Las familias de menores ingresos, entre los S/ 1000 y S/ 3200 anuales, estaban conformadas principalmente por agricultores de subsistencia residentes en provincias de la sierra.[10] Del 80% de esta categoría, el 63% vivía en la mancha india. Había además 13% de obreros y trabajadores independientes no agrícolas en los pueblos serranos.

Muchas de las características de estos agricultores son bien conocidas (Cotler 1969: 153-197). En su mayoría son indios, hablan quechua o aimara y en el 70% eran analfabetos en 1961 (DNEC Censo 1965, censo de 1961). Su principal fuente de supervivencia es, en promedio, unas 0,9 hectáreas de tierra arable, tres cabezas de ganado y algún otro ganado menor.[11] La mayoría obtiene algún ingreso monetario por trabajo estacional en chacras mayores o por ventas ocasionales de productos pecuarios.

Sin embargo, la descripción precedente ofrece una impresión inexacta de cohesión de grupo, basada en la concentración geográfica y en una común cultura, pobreza y fuentes de ingresos, cuando, en realidad, desde el punto de vista de la política redistributiva, la característica fundamental de los "pobres del agro" es precisamente su fragmentación, quienes se pueden dividir en asalariados de haciendas

---

10. Las cifras del Censo de 1961 en las cuales se basaron estos datos no incluyeron a una gran parte de la población indígena de la selva, estimada por la Oficina Censal en alrededor del 5% de la población nacional, que en su mayoría vive a niveles de ingresos de subsistencia.

11. DNEC, Primer Censo Nacional Agropecuario (Lima, 1965). Supone que los campesinos del cuartil inferior corresponden a aquellos con fundas de menos de cinco hectáreas. Una estimación más exacta del punto por el que se podría considerar a un fundo como perteneciente al último cuartíl, por su tamaño, hubiera sido cuatro hectáreas, lo que implicaría fundos más pequeños y menos ganado.

y pequeños agricultores independientes. De todos modos, la división más importante es la producida por la estratificación social y económica en cada pueblo y comunidad rural. La masa uniforme de pobres, distribuida a lo largo de un nivel de ingresos de subsistencia, es una abstracción estadística. Lo cierto es que la sociedad rural está compuesta por muchas pirámides sociales pequeñas y separadas, cada cual con su propia mezcla de pobres y ricos.

Una medida de esta fragmentación se muestra en el cuadro 5. Todas las provincias de la sierra tienen sus pobres rurales; pero en casi todas hay también una proporción importante de agricultores con ingresos medios y otros agricultores independientes. El cuartil inferior también incluye algunos "pobres" urbanos, en su mayor parte trabajadores independientes en pueblos y ciudades secundarias, que forman una pequeña fracción del cuartil (10%), y también una pequeña proporción del total de trabajadores urbanos (3%). Aunque las diferencias en el costo de vida inflan los ingresos reales aparentes de los trabajadores urbanos,[12] la mayoría de los ingresos urbanos sobrepasa el ingreso límite para el cuartil inferior — S/ 3200 anuales— por un margen mucho mayor que cualquier plausible ajuste por diferencias de costo de vida. Resulta una generalización errónea la afirmación popular según la cual los trabajadores urbanos (a excepción de unos pocos afortunados que laboran en establecimientos modernos)[13] no están mejor que los pobres del agro, que deriva del caso extremo de una minoría urbana: el 5 o 10% más pobre y más visible.

Un concepto más amplio de los pobres es que el 50% más pobre del país, con ingresos que varían entre S/ 1000 y S/ 7000 anuales, llega hasta el cuartil inferior de la fuerza laboral urbana (principalmente

---

12. Los ajustes para las diferencias en el costo de vida serían extremadamente complicados, dado que: las canastas de consumo varían según la región, los precios de los alimentos varían según el tamaño del pueblo y los precios de las manufacturas son más altos *fuera* de las ciudades. Una corrección extrema elevaría los ingresos rurales valorizando la producción agraria según los precios de Lima que, en el caso de productos serranos, fueron alrededor de 30% más altos que los precios del productor.

13. Establecimientos grandes (con cinco o más trabajadores, más el Gobierno, más los profesionales).

CUADRO 5
PROVINCIAS DE LA SIERRA DE SEGÚN LA PROPORCIÓN DE POBRES RURALES EN 1961

PORCENTAJE DE LA PEA RURAL PROVINCIANA QUE GANA MENOS DE S/ 3200 ANUALES*	NÚMERO DE PROVINCIAS
0-20	9
21-40	20
41-60	32
61-80	30
81-100	2
Total	93

* Corresponde al cuartil más bajo de la distribución nacional

Fuente: Cuadro 6 y hojas de trabajo para la distribución de los trabajadores rurales de la sierra.

obreros de pequeñas empresas y trabajadores independientes). De estos pobres urbanos, alrededor del 20% radica en Lima y el 80% en pueblos y ciudades pequeñas. También alcanza a incluir a los niveles inferiores de agricultores costeños y selvícolas, si bien la mayor parte (81%) de este último grupo está en cuartiles más altos. Sin embargo, la mitad inferior de la distribución del ingreso nacional no contiene sino una pequeña cantidad de empleados y casi ningún integrante del sector moderno.

La desigualdad rural

Las informaciones de comunidades rurales de la sierra corroboran y ayudan a explicar su considerable desigualdad, mostrada en el cuadro 4. La mayoría de los autores enfatiza la diferenciación económica y social, y la referencia a "los ricos" y "los pobres" es común en casi todos sus estudios. Esta desigualdad existe *dentro* de la población rural y campesina y es, por lo tanto, *adicional* a la que se encuentra entre los pequeños agricultores predominantemente indígenas, y entre los habitantes mestizos o "cholos" de los pueblos.

Por ejemplo, una observación típica es la de Doughty sobre la comunidad de Pararín:

> Hay dos grupos marcados dentro de la comunidad. Los ricos que poseen más tierras, o hasta 200 cabezas de ganado, y hasta 500 ovejas, o una tienda, viven en casas más sustanciales y utilizan más "lujos", radio, lámpara a presión, mejores telas, caballos finos, etc., y los "pobres" —yanaconas y partidarios— que poseen menos de 30 cabezas de "ganado menor" (ovejas, cerdos, etc.) y menos de 5 cabezas de "ganado mayor" (vacunos). Los ricos son también vendedores de ganado y controlan el poder en la organización formal de la comunidad y el distrito y "sin que deba sorprender, tienden a beneficiarse con esto". (Doughty y Negrón 1964: 40)

En una publicación del Instituto Indigenista Peruano (1966), se informa sobre la desigual distribución en la tenencia de la tierra entre comuneros: en Asilla, el 2% de los habitantes poseía la mitad del área cultivable; en Chumbao, el 70% de los residentes disponía de menos de dos hectáreas, mientras que el 10% poseía más de 10. En Taraco, "los indígenas considerados pobres no poseen tierra y por lo tanto se convierten en los 'colonos' [trabajadores campesinos cuya remuneración principal consiste en el derecho al cultivo de un terreno] de los indígenas situados en mejor posición y de los mestizos" (Instituto Indigenista Peruano 1966: 15).

Bertholet (1969) nos ofrece una detallada descripción de las diferencias de clase en su estudio de varias comunidades de Puno, donde distingue cinco grupos económicos. El 2% superior de residentes urbanos lo integran agricultores prósperos, comerciantes ricos, profesionales, empleados públicos y el clero. Casi todos son mestizos. En promedio, los agricultores poseen más de 11 hectáreas, 10 vacas y 62 cabezas de ganado menor.

Una "clase media" (13% de la población) está compuesta por agricultores —que poseen entre 4 y 10 hectáreas, 9 vacas y 58 cabezas de ganado menor—, comerciantes y empleados públicos de menor categoría (principalmente maestros y policías). El 15% más pobre lo componen trabajadores sin tierras o campesinos que tienen menos de 0,5 hectáreas y algunas herramientas. Cerca de la mitad no posee una vivienda y la mayoría no cuenta con ganado de ninguna especie. El rango de ingresos entre el decil superior y el inferior, implícito de estas estadísticas, es bastante mayor de 10:1.

Las fuentes de la desigualdad rural han sido estudiadas por Fuenzalida (1970), quien enfatiza sus raíces históricas. "Una distribución desigual de los recursos entre los ayllus (familias) constituyentes, a pesar de las estipulaciones de las leyes españolas, parece haber sido siempre una característica común de las comunidades" (Fuenzalida 1970: 86). Pero la concentración aumentó después del decreto de Bolívar de 1824, que pretendió transformar las tierras comunales en propiedad privada.

Cotler (1968) ve la desigualdad rural como parte integral de un proceso de dominación social. La dominación se basaría en un sistema de relaciones verticales que previene o inhibe la movilización de las mayorías. La fragmentación de los grupos mayoritarios es un aspecto deliberado y necesario para el control por parte de la élite. Específicamente, los hacendados se aseguran la lealtad de los capataces o mayorales con mejores asignaciones de tierras y otros privilegios (Cotler 1970). Richard Patch anota cómo estos mayorales, uno de cuyos deberes es la asignación de parcelas a los campesinos, en el proceso tienden a acumular tierra y ganado (Patch 1962: 5). Los colonos, por su parte, también están divididos en grupos con mayores o menores privilegios.[14]

La desigualdad regional

La dispersión de los ingresos promedios provinciales se resume en el cuadro 6. Los principales componentes del ingreso para cada provincia —ingresos agrícolas, salarios no agrícolas y sueldos públicos— se muestran en Webb (1973). El detalle provincial allí presentado tiene por objeto el análisis de la incidencia de los gastos públicos. Para tal efecto se consideró que un concepto más apropiado sería el del ingreso residente de la provincia, que mide el ingreso recibido, no el

14. "En las haciendas de Paucartambo, los colonos se dividen en dos tipos: el 'manay' y el 'yanapacu' los cuales difieren en que las parcelas de los primeros son más grandes que las de los 'yanapacu' [...]. Estas clasificaciones imponen medios de represión o de promoción a los colonos" (Cotler 1970: 324).

generado en ella. En la práctica, esto significa asignar a la provincia de Lima la mayor parte del ingreso por propiedad.

El promedio de ingreso residente de Lima fue de S/ 33.800 anuales, mucho mayor que el de las demás provincias. Si se excluye el ingreso de la propiedad, el promedio de Lima disminuiría hasta S/ 19.200 anuales, pero aun así sería superior al de todas las demás provincias. La dispersión de los promedios provinciales, excluyendo Lima, puede medirse comparando los ingresos promedio (no ponderados) de las 10 provincias más ricas y de las 10 más pobres —S/ 15.300 y S/ 3100 anuales, respectivamente—. El contraste regional es fuerte. En la costa, excluyendo Lima, es de S/ 12.400 anuales, mientras que en la sierra es de S/ 6600 anuales. Sin embargo, los ingresos de la costa y la sierra no alcanzan el diferencial de 6,5 veces, citado por Griffin (1969: 64).[15] El cuadro 6 muestra un diferencial de solo de 3,5, cifra cercana al estimado anterior de Hunt (1966: 10), quien para 1961 encontró un diferencial de 2,3 entre los ingresos por trabajo en la costa y la sierra, lo cual implica una cifra cercana a 3,5, una vez agregado el ingreso de la propiedad (Hunt 1966: 10).

Cuadro 6
Distribución personal del ingreso: provincias, 1961

Ingreso medio			Número de provincias	
Miles de soles	Total	Costa	Sierra	Selva
Hasta 3,9	12	-	12	-
4-5,9	37	-	33	4
6-7,9	40	2	29	9
8-9,9	15	4	9	2
10-11,9	20	4	7	6
12-13,9	8	7	1	-
14 y más	11	8	2	1
Total	143	28	93	22

Fuente: Webb 1972c: 6.

15. Griffin 1969: 64: "El ingreso *per cápita* en la costa es de aproximadamente 520 dólares o alrededor de 6 1/2 veces más alto que el de la sierra". Griffin no cita una fuente para esta estimación.

Tendencias del ingreso (1950-1966)

Los estimados del crecimiento del ingreso, resumidos en el cuadro 7, señalan aspectos (algunos esperados, otros menos familiares) de la evolución de la distribución del ingreso en el Perú entre 1950 y 1966.

La conclusión más evidente es que los ingresos provenientes del trabajo se han vuelto más desiguales. A pesar de que no existe una correlación perfecta entre los que tenían más en 1950 y los que mejoraron más, es cierto que las familias ubicadas en la mitad superior de la distribución del ingreso de 1950 sí han gozado de tasas más rápidas de crecimiento del ingreso. La mayoría de la población rural, particularmente la de la sierra, y algunos grupos de trabajadores independientes, tales como artesanos y empleados domésticos, han empobrecido relativamente durante el periodo.

La participación del ingreso del capital en el ingreso nacional no ha crecido, a pesar del crecimiento del sector moderno, que es más intensivo en capital. En 1950, las utilidades, intereses y alquileres totalizaron el 29,9% del ingreso nacional y en 1966, el 28%. No obstante que la deficiencia de las estadísticas para estos componentes del valor agregado puede esconder algunas tendencias hacia una participación creciente, el posible error probablemente no alteraría en forma significativa los resultados antes mencionados.

Las más altas tasas de crecimiento se han producido en el sector moderno —definido como el de las empresas registradas, los empleados públicos y los profesionales—, que de 1950 a 1966 incrementó su absorción de mano de obra de 19 a 21%. Durante ese periodo sus ingresos aumentaron en una tasa anual promedio de 4,1%.

Es interesante señalar que dentro del sector moderno los salarios han aumentado más rápido que los sueldos, de esa manera los ingresos tienden a igualarse dentro de ese sector. En los sueldos registrados, la tasa promedio de incremento fue de 3,3% anual, mientras que en los salarios registrados fue de 4,9%. Una causa de esta diferencia podría ser el hecho que los sindicatos negocian con mayor dureza en favor del grupo más numeroso y peor pagado de sus miembros. De otro lado, la mayoría de las empresas tienen sindicatos de empleados y obreros por separado. Una razón más fuerte puede

Cuadro 7
Tendencias del ingreso real per-cápita, 1950-1966(*)

Grupos de fuerza laboral	Fuerza laboral, 1961 (en miles)	%	Tasa de crecimiento del ingreso per-cápita por año, 1950-1966 %
Sector moderno	**603**	**19,9**	**4,1**
Obreros	255	8,4	4,9
Empleados públicos	176	5,8	3,6
Empleados	172	5,7	3,3
Sector urbano tradicional	**961**	**31,7**	**2,0**
Obreros	238	7,8	2,5
Independientes	447	14,7	1,9
Empleados	102	3,4	1,8
Empleados domésticos	174	5,7	1,6
Sector rural tradicional	**1470**	**48,4**	**1,3**
Obreros (costeños)	199	6,6	4,1
Obreros (sierra y selva)	237	7,8	1,5
Pequeños agricultores	1034	34,1	0,8
(a) costa y "hinterland"	240	7,9	2,0
(b) otras regiones			
5,50 Héctareas	120	4,0	2,7
0,5 hectáreas	674	22,2	0,0
Total	**3034**	**100**	**2,1**

Fuente: Webb 1972b. El concepto de sector "moderno" utilizado en este cuadro es el de establecimientos registrados (que presentaron información estadística al Banco Central de Reserva). En la práctica, el alcance de este criterio difiere solo ligeramente del de "establecimientos con cinco o más empleados". Este último es el criterio utilizado para definir al sector "moderno" en el resto de este estudio.

encontrarse en la existencia de una gran proporción de empleados no calificados y no sindicalizados. Los vendedores en tiendas y los empleados de establecimientos de servicio son considerados como "empleados"; en gran parte mujeres y jóvenes. El reducido tamaño de los establecimientos del sector terciario y la alta inestabilidad de la mayoría de sus empleados limita su sindicalización. Por otra parte, la oferta de trabajadores con grado escolar, que es la calificación más relevante para este tipo de trabajo, ha crecido a un ritmo excepcionalmente rápido.

Menos esperadas han sido las tendencias positivas encontradas en el interior del sector urbano tradicional, es decir, en los empleados de pequeñas empresas no registradas, empleados domésticos y trabajadores independientes de ocupaciones diversas. Como grupo, han crecido más rápido que el sector moderno, aumentando durante el periodo 1950-1966 de 24% a casi 32% de la fuerza laboral. Y a pesar de la débil evidencia referente a sus ingresos —particularmente en los trabajadores independientes—, hay suficientes datos como para indicar la existencia de una tendencia positiva, cuando no moderada, de los respectivos ingresos. Estos varían desde 1,6% anuales para empleados domésticos hasta 3,3% anuales en el caso de obreros no agrícolas registrados.

Estos resultados entran en conflicto con la generalización que se hace en la teoría de la marginalidad cuando en el Perú se aplica al sector urbano tradicional. Quijano, por ejemplo, escribe: "La mayor parte de las personas involucradas en actividades terciarias son personas que no tienen empleo ni perciben ingresos de ningún tipo, y estas personas conforman las grandes masas de las ciudades principales" (Quijano, Godoy y Cotler 1968b: 300).

Frecuentemente se presume que los ingresos en el sector urbano tradicional se aproximan a los ingresos rurales, y que los primeros están estancados o son decrecientes. Esto es evidentemente producto de una fácil confusión perceptual (tratándose de observadores de clase media) entre estancamiento, por un lado, y cambios muy bajos a un nivel de ingresos absolutos, por otro, y de una generalización a partir de los casos más visibles de pobreza urbana, como los vendedores ambulantes y los lustrabotas, que se ubican en el extremo inferior de la distribución urbana del ingreso.[16]

---

16. Según la Encuesta nacional de hogares de 1970 (Otemo, Ministerio de Trabajo), los vendedores ambulantes conformaban el 4,5% de la fuerza laboral urbana del país.

Nuestros datos no nos han permitido una comparación, a través del tiempo, de los ingresos del 10 o 20% inferior de la distribución del ingreso en la ciudad, y podría sostenerse que estos no han aumentado; pero la evidencia sugiere que el estancamiento solo podría haber sido el caso de una minoría de la fuerza laboral urbana tradicional.

Es difícil explicar el crecimiento de los ingresos en el sector urbano tradicional. Las fuentes probables pueden identificarse: mejoras y abaratamiento de la tecnología de pequeña escala utilizada tanto por artesanos como por gran número de pequeños establecimientos de servicio, acumulación de capital, mayor educación y calificación, y demanda generada por el rápido crecimiento de los ingresos del sector moderno. Sin embargo, la tendencia en el ingreso depende tanto de estos factores positivos como del crecimiento de la oferta de trabajo a este sector. Una disminución de la tasa de expansión del sector moderno o una aceleración en la tasa de migración podrían invertir la tendencia de los ingresos de este grupo. En el periodo estudiado (1950-1966) hubo un crecimiento excepcionalmente dinámico en el sector moderno, siendo la tasa de crecimiento de la población menor que la actual.

Mi conclusión con respecto a los ingresos del pequeño agricultor debe ser considerada provisional. La estimación de que el ingreso promedio de los pequeños agricultores creció alrededor de 0,8% anual se basa principalmente en estadísticas que demuestran algún crecimiento en el producto por agricultor en las haciendas de la sierra y en la evidencia de una expansión comercial y urbana considerable en el interior de esa región. Se puede argumentar que dicha expansión, consistente en un gasto creciente en bienes y servicios no agrícolas, implicó necesariamente niveles de ingresos crecientes. De igual manera, se hizo visible cierta mejora en el estándar de vida de las provincias de la sierra central cercanas a Lima y a la costa central.

Los datos son insuficientes para apoyar cualquier afirmación más detallada con respecto a las tendencias del ingreso de distintos grupos de pequeños agricultores. Sin embargo, esta cuestión es de tanta importancia que exige una respuesta por lo menos especulativa. Así, parece razonable plantear la hipótesis de que, excluyendo la sierra central, la mayor parte del crecimiento del ingreso se ha concentrado en la capa superior de los pequeños agricultores, que es una clase de campesinos en mejores condiciones relativas, conformada por el 10 al 15% del total de pequeños agricultores, en posesión de una porción mucho mayor de tierra y ganado que no estaba en poder de haciendas. El relativo éxito económico de este grupo es similar al surgimiento, en las pequeñas ciudades, de una clase de comerciantes, artesanos y burócratas.

Esta hipótesis tiene dos implicancias con respecto a las tendencias del ingreso que son relevantes para las políticas cuyo objetivo es la redistribución en favor de los campesinos: primero, existe una creciente desigualdad en el interior de la clase de pequeños agricultores; segundo, para una proporción grande de la población, que posiblemente fluctúa entre el 15 y el 25%, no ha habido ninguna mejora absoluta en el estándar de vida. La pobreza extrema del último grupo le da a este resultado estadístico una significancia aún mayor de la que le puede dar el hecho de una creciente desigualdad en la distribución nacional del ingreso.

A pesar de que la distribución del ingreso empeoró entre 1950 y 1966, en el patrón del crecimiento del ingreso hay dos características poco consistentes con la mayoría de las expectativas. Primero, no existe un corte brusco entre las tendencias en el sector moderno y las del resto de la economía; las tasas de crecimiento de los distintos perceptores de ingresos son continuas. Segundo, y como corolario de lo anterior, el crecimiento del ingreso fue más generalizado de lo que usualmente se deduce de las afirmaciones con respecto a las tendencias del ingreso en el Perú. Así, Thorp (1969) afirma que a pesar del rápido crecimiento per cápita, "grandes porciones del país y de la población aparentemente han permanecido inmodificadas, si no están peor de lo que estaban antes" (Thorp 1969: 229). Quijano es un exponente más enfático del enfoque de la marginalidad. A partir de los datos de la distribución del ingreso para 1961,[17] concluye que hay un "proceso de marginalización y de pauperización de la gran

17. Thorp 1969: 325. La distribución del ingreso es la del Instituto Nacional de Planificación.

masa de población activa [...]" (Quijano, Godoy y Cotler 1968a: 326). Concluye también que "las masas trabajadoras, en general, no han podido evitar la constante reducción de sus salarios reales y de su estándar de vida" (Quijano, Godoy y Cotler 1968a: 327).

Estas afirmaciones no son consistentes con la evidencia que presenta este capítulo. Sobre la base de los datos anteriores, se podría sostener que muchos campesinos y otros trabajadores independientes sufrieron una disminución en sus ingresos reales, pero este empobrecimiento absoluto no parece haber sido el caso para ninguna categoría amplia de trabajadores, menos aún para las "masas trabajadoras en general". La figura que surge aquí es menos dramática y, tal vez, más ambivalente: ha habido cierta mejora absoluta para la mayoría de la población. Para casi la mitad de la fuerza laboral los ingresos han crecido en 2% o más por año, y para 75 a 80% los ingresos han crecido a una tasa mayor del 1,0% anual; sin embargo, al mismo tiempo, ha habido un grado creciente de desigualdad, y quienes más necesitaban han sido los menos favorecidos.

El modelo

El siguiente modelo ha sido diseñado para explicar los principales aspectos de la distribución del ingreso hasta aquí señalados y para proveer de un marco conceptual al estudio del impacto distributivo de las medidas gubernamentales entre 1963 y 1971. La premisa básica del modelo es el hecho de un *dualismo tecnológico*, es decir, la coexistencia de un sector moderno de empresas a gran escala e intensivas en capital con un sector tradicional intensivo en mano de obra, conformado por trabajadores independientes y empresas de pequeña escala, pequeños agricultores y haciendas.[18] Además, delinea una importante distinción entre los componentes urbano y rural del sector tradicional.

18. Mi definición del "sector moderno" corta a través de los sectores industriales. Excepto los sectores electricidad y banca, que son modernos en su totalidad, hay componentes modernos y tradicionales en todas las actividades.

El modelo está construido sobre la base de la diferenciación entre lo moderno-tradicional y lo urbano-rural, que parecen ser los principales escalones tanto en el grado de acceso al poder político como en el alcance de los instrumentos claves de la política distributiva. El grado de poder de las personas varía mucho en relación con el estatus urbano y moderno (o de alta productividad). De igual manera, algunos mecanismos distributivos, como la política salarial, los impuestos y la asignación de favores burocráticos ("incentivos", liberaciones, licencias, etc.), tienen un impacto distinto según sea la empresa moderna o tradicional; mientras que en los sectores urbanos y rurales difiere profundamente el alcance o impacto de otros instrumentos de política, como los gastos públicos y las políticas de precios. Estas distinciones sectoriales coinciden también con los cortes principales en la distribución de los ingresos que genera el mercado en una economía dual. El modelo de tres sectores descrito a continuación provee, por lo tanto, el marco necesario para examinar cómo los ingresos están determinados, en forma conjunta, por las fuerzas del mercado y por el poder político que opera a través de instrumentos específicos, cada uno con una particular manera o alcance para discriminar a la población.

La curva de valor agregado

Una economía dual está caracterizada por una distribución altamente desigual de los niveles de productividad. El uso de maquinaria, equipo, yacimientos mineros y de las tierras más fértiles está concentrado en un reducido segmento de la población, cuyo valor agregado por trabajador es mucho más alto que en el resto de la economía.

Tal distribución es descrita por la curva PP' en la figura 1, donde la fuerza de trabajo se grafica sobre el eje horizontal en orden descendente de valor agregado por trabajador, medido sobre el eje vertical. OL es la fuerza de trabajo empleada y el área bajo PP' representa el ingreso nacional. Puesto que el valor agregado en cada unidad productiva está determinado por la productividad física y por los precios; la forma de PP' también depende de los precios relativos: las distorsiones de precios que favorezcan a las empresas con alta productividad física (v. gr., mediante tarifas sobre manufacturas) incrementarán el sesgo de PP'.

El punto L puede ser usado para separar el sector moderno del tradicional, siendo L, P, un nivel de productividad escogido arbitrariamente.[19]

La participación de la propiedad y del trabajo en el ingreso total se grafica también en la figura 1. WW' mide el nivel de salarios e ingresos laborales en cada unidad productiva. El espacio entre PP' y WW' representa, por consiguiente, ingresos no laborales. En algún punto de la curva PP' la productividad declinará hasta un nivel de ingreso de subsistencia, donde ya no es posible generar (o extraer) un ingreso a la propiedad (o "excedente") porque la productividad apenas cubre las necesidades mínimas de vida. En la figura 1 este punto se marca como Ps.

El crecimiento del sector moderno en el Perú, como en muchos países subdesarrollados, es hoy un proceso más vertical que horizontal: la incorporación de nuevos trabajadores es lenta en relación con el crecimiento de la fuerza de trabajo total, mientras que la inversión y el valor agregado por trabajador ascienden más rápidamente que en el sector tradicional.[20]

---

19. La productividad declina gradualmente, pero los sectores moderno y tradicional son suficientemente diferentes en naturaleza como para hacer que la distinción —usando alguna línea de división arbitraria— sea útil para los propósitos del análisis (compárese con la distinción entre urbano y rural). Para derivar las estadísticas ofrecidas en este estudio, he usado el tamaño de las empresas como un sustituto de la productividad: los establecimientos urbanos con cinco o más empleados fueron clasificados como modernos; en la agricultura, solo las haciendas azucareras fueron definidas como modernas, puesto que el valor agregado por hombre en el algodón y otros productos agrícolas comerciales es similar al de los establecimientos urbanos de muy pequeña escala. Para los propósitos de nuestra discusión, el rasgo relevante de los sectores "moderno" y "tradicional" es el producto por hombre y no lo histórico de la tecnología implicada. Por otra parte, ambos sectores pueden incluir componentes urbanos y rurales.

20. La ocupación en el sector moderno creció rápidamente entre 1950 y 1961, subiendo del 19 al 21,1% de la fuerza de trabajo, pero permaneció casi constante entre 1961 y 1970, subiendo en el último año solo al 21,6% (véase cuadro 1).

Figura 1

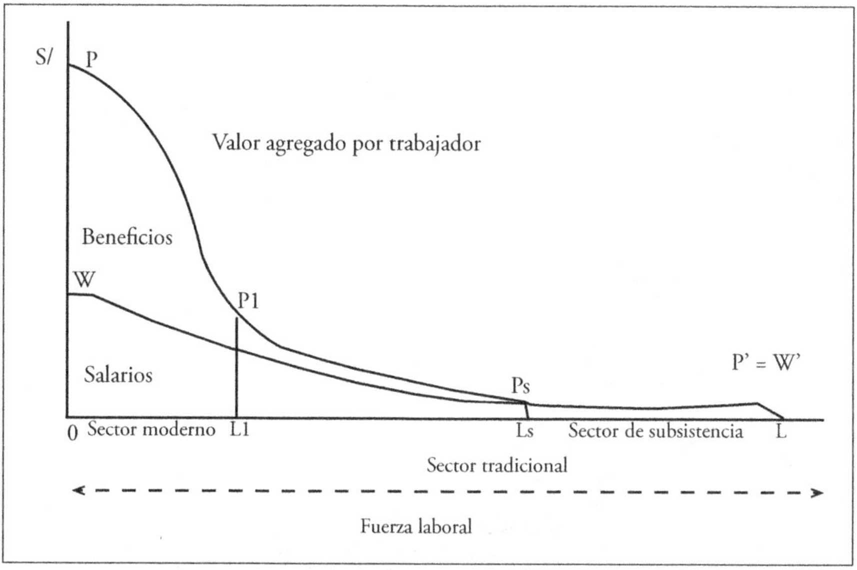

En relación con la curva de valor agregado, el crecimiento del sector moderno puede ser descrito como altamente vertical, a diferencia de la trayectoria de crecimiento horizontal basado en la absorción del trabajo y pronosticada en los conocidos modelos de desarrollo económico con trabajo excedente.

La curva de valor agregado acentúa su sesgo, tal como en el cuadro 2 lo muestra PP'. Una trayectoria basada en la absorción de trabajo sería la descrita por PP'2. La migración a las ciudades implica, por lo tanto, la transferencia de fuerza laboral rural al sector tradicional del medio urbano.

La curva de salarios, también, se toma continuamente más sesgada: hay una creciente diferencia en las remuneraciones de los sectores moderno y tradicional.[21] Dentro del ST los salarios están principalmente limitados por los bajos niveles absolutos de productividad,

21. Véase cuadro 5. Tendencias similares aparecen en los datos para México, Colombia y varios países de África. Véase Navarrete 1980: 38, Berry 1972: 12 y Frank 1970: 13-15.

Figura 2

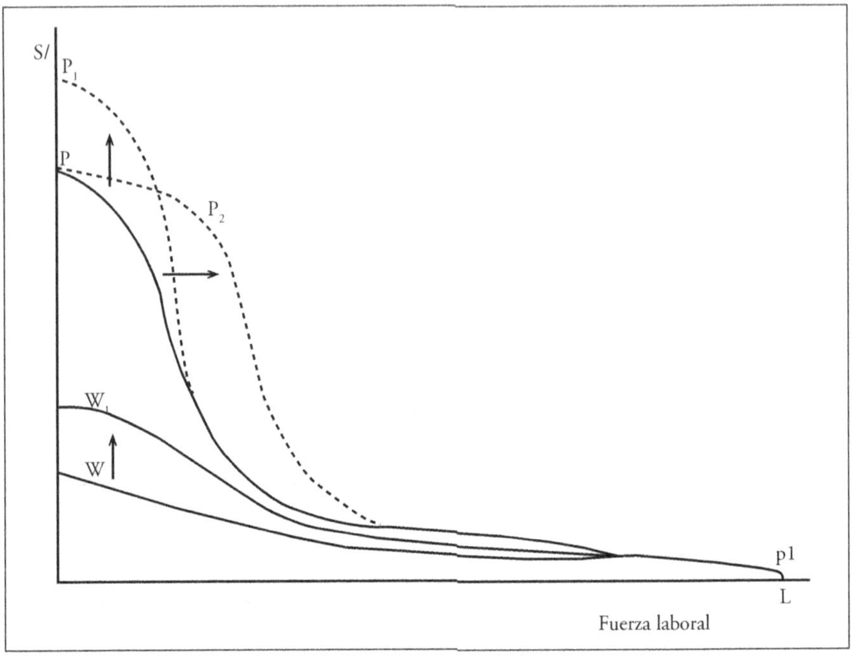

en el sentido de que, incluso si un trabajador recibiera el íntegro de su productividad, su ingreso seguiría siendo muy bajo. En el sector moderno, sin embargo, el "techo" de la curva de valor agregado (PP') no es un límite significativo para los salarios. Más bien, los niveles de salario son más sensibles a las normas institucionales que deciden la distribución funcional del ingreso, esto es, el ingreso que corresponde a cada factor de producción. En el modelo de la economía capitalista clásica, con un excedente de mano de obra y un mercado de trabajo competitivo, los niveles de salario del sector moderno estaban próximos a los del sector tradicional, y quizá excediendo a los de este último solo para compensar el mayor costo de vida urbano y el costo de migración. Este supuesto se refleja en la curva de salarios W' de la figura 1. En las economías socialistas los controles directos producen una curva similar, relativamente uniforme. En la mayoría de los países subdesarrollados, sin embargo, los salarios del sector moderno han subido significativamente sobre sus niveles en el sector tradicional, dando por resultado una curva de salarios altamente desigual. En el cuadro 3 presentamos la escala de niveles de salarios observada en el Perú y su correlación con la productividad promedio.

La marcada relación observada entre productividad promedio y salarios es el punto de partida para la siguiente discusión de los ingresos del sector moderno.

El sector moderno

¿Por qué suben las remuneraciones en el sector moderno cuando hay grandes reservas de trabajo excedente en la economía tradicional? Dos posibles explicaciones serían: los niveles crecientes de calificación y la sindicalización. Otras se refieren al poder político de los grupos laborales del sector moderno. Se puede argumentar que cada uno de estos factores —altos niveles de calificación, sindicatos fuertes y poder político directo— son producto de características inherentes a las empresas del sector moderno. De tales características, las más relevantes son intensidad en capital y presencia urbana.

Un efecto de la intensidad en capital es que en el sector moderno la demanda de trabajo es menos elástica. La elasticidad de la demanda de trabajo varía inversamente con la participación del capital en el costo total. Por otra parte, la intensidad en capital implica usualmente un alto componente de renta o cuasi-renta en los ingresos capitalistas debido, en parte, a que los activos de capital de gran escala tienden a ser muy duraderos y, en parte, a que mucho del activo fijo del sector moderno en los países subdesarrollados es complementario a los recursos naturales. La cuasi-renta también surge del elemento de monopolio presente en la manufactura y otras actividades de muchos países subdesarrollados, como resultado de tarifas, licencias y otros privilegios similares (Slighton 1972).

Las técnicas intensivas en capital generan empleos con altos salarios, por razones que a menudo se explican por el requerimiento de "altas calificaciones" de las tecnologías modernas. Tales empresas, por ejemplo, requieren más personal escolarizado para labores de oficina.

FIGURA 3
SALARIOS Y PRODUCTIVIDAD EN SECTORES SELECCIONADOS POR TAMAÑO, 1963

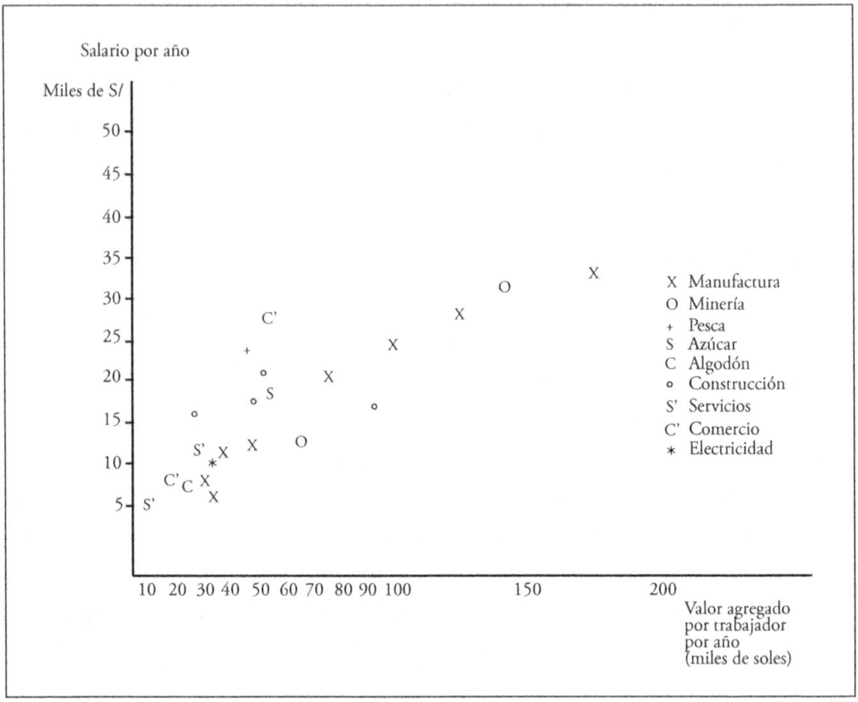

Pero las empresas de fuerte capital pagarán salarios más altos, demanden o no "calificaciones", cuya oferta es escasa a largo plazo, es decir, que requieren largo aprendizaje o habilidades que tienen pocas personas. En cualquier caso pagarán buenos salarios, tanto para adquirir "responsabilidad" como para reducir la "inestabilidad" en el trabajo.[22]

Los errores o irresponsabilidades de las personas que trabajan con maquinaria cara son extremadamente costosos. Por consiguiente, las empresas ofrecen altos salarios, en parte para poder contratar personas cuidadosas y dignas de confianza, y en parte para lograr un mayor sentido de responsabilidad, creando un ambiente de buena voluntad. Los altos salarios también se justifican porque reducen la inestabilidad del trabajo, que en dichas empresas es costosa, debido a

22. Este argumento fue sugerido por Charles Frank.

que la calificación en gran parte se adquiere con el trabajo y representa, por tanto, inversión sustancial y, segundo, porque toda ausencia de obreros especializados, por breve que sea, es onerosa en las empresas con grandes activos fijos. Si bien determinados trabajos especializados con maquinaria no son necesariamente difíciles de aprender, usualmente son muy específicos, y solo se dan en una o pocas empresas. Por consiguiente, a corto plazo, su oferta es muy limitada.[23]

En el mercado del trabajo, el enlace entre la intensidad de capital y los salarios opera también del lado de la oferta. En los países subdesarrollados los sindicatos se originan, usualmente, en las empresas del sector moderno, y a menudo se limitan a este sector. Tales empresas tienden a emplear trabajadores con alguna experiencia e instrucción, los concentran geográficamente —en un reducido número de establecimientos y en una o pocas ciudades— y les proporcionan un ambiente externo de disciplina y organización. En resumen, las empresas del sector moderno son criaderos naturales de sindicatos.

Sin embargo, el poder de la fuerza de trabajo del sector moderno no deriva únicamente de la sindicalización, ni se ejerce solamente a través del proceso de negociación colectiva de salarios.[24] Buena parte de ese poder es político, y se origina en las mismas características del sector moderno que favorecen la sindicalización, v. gr. presencia urbana, susceptibilidad para la organización y potencial disruptivo.

La sindicalización y el poder político directo se refuerzan mutuamente. El poder político puede ser usado para elevar los ingresos directamente, por ejemplo, a través de leyes de salarios mínimos y

---

23. Esta relación entre la intensidad en capital y los salarios ha sido denominada "el efecto de la escala de operaciones": "[...] a los cortadores de diamantes se les paga más (por hora) que a los cortadores de materiales menos preciosos; a los operadores de máquinas más caras, más que a los operadores de las menos caras". Reder (1969: 219) rehúsa la paternidad de este concepto, citando a Adam Smith: "[...] los salarios del trabajo varían de acuerdo con la pequeña o gran confianza que debe descansar en el trabajador". Smith 1910: 93-94.

24. Algunas discusiones de las diferencias salariales en los mercados urbanos distinguen principalmente entre sectores "organizados" y "no organizados", imputando de esta manera la mayoría de las diferencias salariales a la sindicalización y al poder político. Un enfoque opuesto, enfatizando el rol de las calificaciones, es argüido por Ramos 1970: 174-178.

de seguridad social e, indirectamente, para reforzar al sector laboral en la negociación colectiva de salarios mediante una legislación favorable a la actividad de los sindicatos y un arbitraje más proclive a la satisfacción laboral. Es precisamente el poder político, derivado de cierto grado de control sobre las fuentes de ingreso del sector moderno, lo que mejor explica los ingresos de la burocracia.[25]

En resumen, hay elementos inherentes a la tecnología moderna intensiva en capital que tienden a generar altos niveles de salarios. Ciertas mejoras de salarios representan una ganancia distributiva, hecha posible por la introducción de técnicas intensivas en capital en una economía tradicional de bajos salarios. Otras mejoras de salarios son posibles gracias al continuo aumento de la intensidad en capital que es consecuencia del uso de tecnología importada. Finalmente, los aumentos salariales que no resultan directamente de desplazamientos en las curvas de productividad marginal tienden a reforzarse —al inducir incrementos adicionales en la intensidad en capital.[26]

¿Con qué rapidez y hasta qué nivel subirán los salarios ajustándose a los aumentos exógenos de la intensidad en capital? Esto depende en parte del grado en que los ingresos de la propiedad son rentas o cuasi-rentas y en parte de la política. En algunos países ha avanzado mucho el proceso de redistribución del ingreso en el sector moderno —del capital al trabajo—, mientras que en otros apenas ha empezado. Estas diferencias se relacionan seguramente con las variaciones de los escenarios o sistemas políticos en diferentes países: por ejemplo, el proceso parece más avanzado en América Latina que en Asia. También, los cambios abruptos en la balanza de poder pueden acelerar el proceso, como viene ocurriendo en el Perú y Chile, o disminuir ganancias previas, como parece haber sido el caso de Brasil. Estos cambios, sin embargo, son variaciones en un proceso

---

25. Aunque los empleados del Gobierno están clasificados aquí como sector moderno, sería más correcto excluirlos del análisis de las relaciones entre los niveles de valor agregado y de ingreso, puesto que sus salarios y niveles de productividad no pueden ser diferenciados empíricamente.

26. El enlace entre incrementos de productividad y salarios está también reforzado por la norma antiinflacionaria que relaciona los aumentos salariales "aceptables" con los incrementos en la productividad de una empresa o un sector.

más amplio de fuerzas que presionan continuamente en pro del alza de salarios en el sector moderno.

Este proceso redistributivo puede ser frenado por una poderosa clase de propietarios. Pero actualmente lo más común es que la participación de los salarios esté limitada por las élites de clase media, cuyos intereses se han desplazado del respaldo a las políticas redistributivas a una preocupación por el crecimiento económico, a medida que han ascendido en la "escala del poder".[27] El crecimiento económico es tenido como una manera de asegurar la estabilidad política a largo plazo, y tal crecimiento requiere que el excedente del sector moderno sea invertido antes que utilizado para incrementar el consumo de los asalariados. De igual manera, un fuerte gobierno de clase media puede permitirse cierta preocupación por la población del sector tradicional, cuya asignación de recursos públicos también compite con mayores incrementos salariales a la fuerza de trabajo del sector moderno.

El sector urbano tradicional

El mejor punto de partida para un estudio de los ingresos del sector urbano tradicional es la estrecha relación que existe entre este sector y el sector moderno. Primero, el sector urbano tradicional tiene un alto grado de dependencia comercial con el sector moderno. Los estudios de presupuestos familiares muestran que las familias del sector urbano tradicional gastan algo más de la mitad de su ingreso en alimentos y casi una cuarta parte en bienes manufacturados o en servicios "modernos", tales como transporte y atención médica. Por lo tanto, aproximadamente las tres cuartas partes de su gasto se hace en importaciones al sector.[28] Si bien algo del producto del sector urbano tradicional se exporta al sector rural —sobre todo en los pequeños

27. Huntington (1968: 222) sobre los gobiernos militares: "Su rol histórico es abrir las puertas a las clases medias y cerrarlas a las clases bajas".

28. Este estimado está basado en los datos de los patrones de gastos de las familias de bajos ingresos de Lima, obtenidos de tabulaciones no publicadas de la encuesta de presupuestos familiares hecha por Cisepa, Pontificia Universidad Católica del Perú.

pueblos—, el grueso se vende al sector moderno. Si suponemos que es mínimo cualquier flujo neto de capital hacia el sector urbano tradicional y que, por lo tanto, el valor de las exportaciones del sector debe aproximarse al de sus importaciones, se deduce que cerca de las tres cuartas partes del ingreso del sector urbano tradicional deriva de ventas al sector moderno. Tanto el sector moderno como el rural tradicional son mucho más autosuficientes que el urbano tradicional.

Segundo, la relación entre el sector urbano tradicional y el sector moderno es más complementaria que competitiva: la mayoría de los productores del sector urbano tradicional no compite con los del sector moderno. La competencia es probablemente mayor en el caso de la artesanía, donde la eficiencia del sector moderno ha eliminado muchas líneas de producción artesanal. La permanencia de artesanos es en parte un fenómeno competitivo, pues los altos salarios del sector moderno compensan parcialmente la ventaja competitiva creada por tecnologías más eficientes, pero también refleja diferenciación; tal es el caso de carpinteros y sastres que realizan trabajo a pedido, cuyo producto es estimado precisamente por ser hecho a mano, o que elaboran productos altamente diferenciados de los de fábricas. Más aún, en el Perú, las dos terceras partes de la fuerza de trabajo del sector urbano tradicional la constituyen personas ocupadas en servicios, que compiten marginalmente con el sector moderno.[29] En el sector urbano tradicional las dos principales actividades de servicios —comercio y servicio doméstico— son más afectadas por los cambios tecnológicos, como los automóviles particulares, que hacen posible la existencia de supermercados, refrigeradoras y lavadoras, que por la competencia directa de precios.

Por consiguiente, la relación entre el tamaño (es decir el ingreso total) del sector urbano tradicional y el del sector moderno es bastante dependiente de la elasticidad —ingreso de la demanda por bienes

---

29. Este argumento se contrasta con el planteado por Nelson, Schultz y Slighton (1971: 134-136) en cuanto al énfasis puesto en las actividades manufactureras y, por lo tanto, en la competencia entre sectores moderno y tradicional. Sin embargo, según sus propias cifras, la manufactura artesanal comprende solo el 25% de la fuerza laboral tradicional no campesina.

y servicios del sector urbano tradicional—. En cuanto a la curva de valor agregado, el sector urbano tradicional puede compararse a un cerro al pie de la montaña, que es el sector moderno (áreas B y A de la figura 4).

En el Perú este cerro ha tenido un crecimiento cuya tasa es casi la misma que la de la economía moderna: la relación entre el tamaño o el valor agregado total de cada uno de estos sectores (B + A) fue de 31,9% en 1961 y 32,5% en 1970. Sin embargo, al mismo tiempo, sus respectivos contornos han ido cambiando. El sector moderno ha crecido verticalmente, con muy poco incremento de participación en el empleo total (21,1% en 1961 vs. 21,6% en 1970). El sector urbano tradicional creció en ambas direcciones: en el mismo periodo, el ingreso promedio en este sector aumentó 28%, mientras que el empleo pasó de 28,6 a 33,1% del total de la fuerza de trabajo.

Si el ingreso del sector moderno es el principal determinante del ingreso total del sector urbano tradicional, ¿cómo se explica la descomposición de ese total entre el ingreso promedio del sector urbano tradicional y el empleo del sector urbano tradicional? Si no estuvieran diferenciados los proveedores de bienes y servicios del sector urbano tradicional, cabría suponer que la migración igualaría los ingresos dentro del sector urbano tradicional, así como entre este y el sector rural. Cualquier crecimiento en la economía del sector urbano tradicional se daría, en ese caso, en la forma de una expansión del empleo; o sea, sería puramente horizontal. Pero de hecho hay mucha diferenciación dentro del sector. Primero, la productividad física difiere porque, con el tiempo, los productores acumulan capital y conocimiento de sus mercados. Pero más importante todavía es que hay un fuerte aspecto cualitativo en la producción del sector urbano tradicional, tanto en las actividades de servicio como en las actividades artesanales. Las diferentes calidades de esos bienes y servicios crean un enlace entre la distribución del ingreso de ambos sectores. Por ejemplo, los empleados domésticos que pueden ganar más del doble en los distritos residenciales ricos que en un *pueblo joven.* Y el salario de un antiguo sirviente "de familia" a menudo aumenta con el tiempo.

A pesar del número creciente de competidores, muchos integrantes del sector urbano tradicional se benefician con el aumento

Figura 4

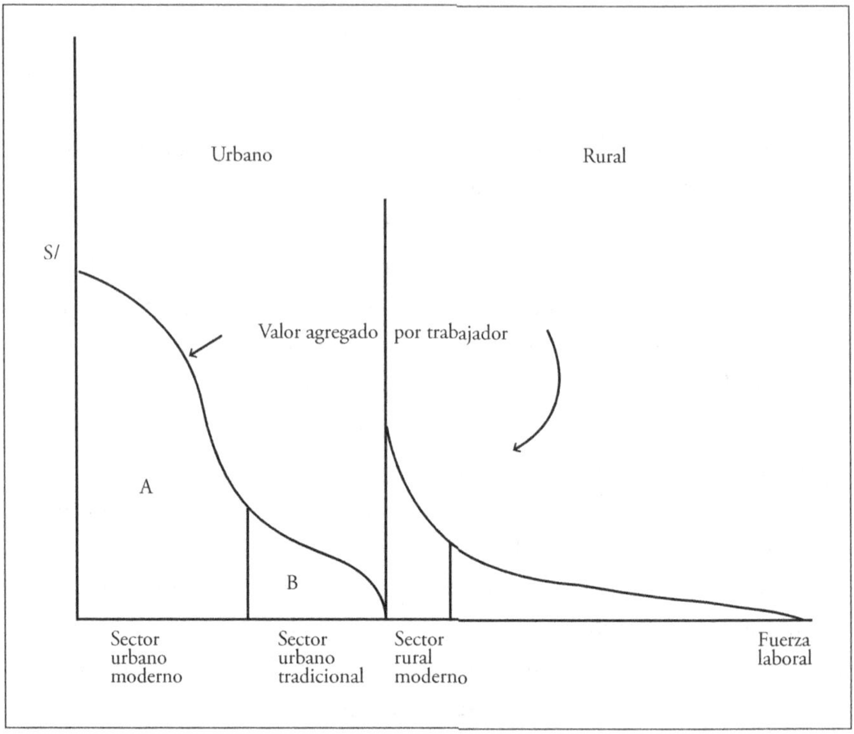

de los niveles de ingreso del sector moderno, tanto por la adhesión de su clientela como por la preferencia hacia los proveedores más conocidos o de mejor categoría. Por ejemplo, la preferencia por un sastre, mecánico o sirviente doméstico ya probado y de confianza es probable que tenga una baja elasticidad de precio y una elevada elasticidad de ingreso.

Por otra parte, los integrantes de menor categoría del sector urbano tradicional están menos protegidos frente a los que entran al sector: sus ingresos se afectarán según la fuerza de las ventajas adquiridas en el mercado en relación con la competencia de los recién llegados. La diferenciación hace posible que algunos ingresos del sector urbano tradicional aumenten por encima de su costo de oportunidad en el sector rural y que, al mismo tiempo, reduzca la migración, al proteger a los productores iniciales o de mejor categoría frente a los recién llegados.

El sector rural tradicional

En el Perú, como en la mayoría de los países subdesarrollados, el sector rural es todavía el componente más grande y más pobre de la economía tradicional. Una reducida parte de la población agrícola trabaja en haciendas fuertemente capitalizadas —tales como las haciendas azucareras— que pueden calificarse como "modernas" según el criterio de valor agregado por trabajador. Sin embargo, en la mayor parte de la agricultura de exportación o comercial, el valor agregado por trabajador sigue siendo bajo: para la extracción de un sustancial ingreso de la propiedad —o "excedente"— se precisa por lo tanto de grandes unidades de producción y de mecanismos institucionales que mantengan los salarios a sus niveles mínimos.[30] Un segmento importante de la población rural está dedicado principalmente a la agricultura de subsistencia, donde son mínimos los ingresos y el valor agregado por trabajador.

Por tanto, debido a su gran tamaño y su baja productividad, la población rural parece estar atrapada dentro de un estado de pobreza. El efecto de demanda proveniente del crecimiento de la economía urbana es débil, por la ley de Engel[31] y porque los efectos de filtración de ese instrumento se diseminan sobre un gran segmento de la población nacional. El alto número de personas involucrado también diluye el impacto de las transferencias redistributivas provenientes de la población urbana, mientras que el "techo bajo" del valor agregado limita el alcance de una mejora en el nivel de vida de las familias rurales a través de la redistribución del ingreso dentro del sector.

30. Para un modelo y una discusión histórica del nivel de los salarios en las haciendas, véase Hunt 1972. Cotler (1969) presenta un análisis lúcido de los mecanismos institucionales de dominación de la fuerza laboral rural en el Perú.

31. Esta ley es una relación estadística (establecida por Engel) que muestra cómo a medida que una familia tiene un mayor ingreso real su gasto en alimento aumenta, pero en menor proporción al aumento en el ingreso.

Pero, por varias razones, el cuadro no es tan sombrío. Primero, el impacto de la demanda urbana es una función de los tamaños relativos de las economías urbana y rural. El rápido crecimiento relativo de la economía urbana implica una aceleración del efecto de demanda que no es fácilmente percibida en el presente, pero que con el tiempo puede llegar a ser significativa.[32] Segundo, el Gobierno dispone de un mayor número de instrumentos de política para aumentar los ingresos rurales que para los del sector urbano tradicional. La demanda del sector moderno limita severamente el ingreso total del sector urbano tradicional. En el sector rural tradicional sí es posible el crecimiento autónomo del producto y del ingreso porque el mismo sector consume buena parte de su propio producto y porque el comercio exterior le crea oportunidad para exportar y sustituir importaciones. Por tanto, las políticas dirigidas a ampliar la capacidad productiva son un medio de aumentar el ingreso rural.[33]

La redistribución del ingreso

La curva del valor agregado (PP') puede usarse para la siguiente distinción respecto a la política redistributiva: las transferencias de ingresos se consideran verticales cuando redistribuyen dentro de un sector productivo y horizontales cuando ocurren entre sectores

---

32. Imaginemos, por ejemplo, una economía donde el 40% de la población es urbana y donde el ingreso medio urbano es 50% más alto que el ingreso medio rural: los ingresos totales rural y urbano serán iguales. Supongamos que, en un periodo de dos décadas, la migración incremente la parte urbana de la población al 60%, mientras el crecimiento económico, concentrado en el sector moderno, eleva el ingreso medio urbano a un nivel que es el doble del promedio rural. El ingreso total urbano será ahora tres veces más grande que el ingreso total rural. Aun con bajas elasticidades —ingreso de demanda para los productos agrícolas— habrá un gran incremento proporcional del gasto urbano en el sector rural.

33. Se ha argumentado que este no es el caso de México, donde las oportunidades del comercio exterior no ofrecen una salida a las principales cosechas de granos de los pequeños agricultores. Véase Norton 1972. Sin embargo, en el Perú los pequeños agricultores no se ven limitados por la falta de posibilidades para sustituir las importaciones. Actualmente, las importaciones de alimentos representan aproximadamente un cuarto del consumo interno.

productivos. Mientras más dualista la estructura de la producción, mayor la necesidad de transferencias horizontales de ingreso. Desafortunadamente, por razones políticas, administrativas y psicológicas, las transferencias horizontales son las más difíciles de implementar. Como resultado, el ingreso tiende a permanecer embotellado dentro del sector moderno.

La forma más frecuente de redistribución vertical es la política salarial.[34] Los niveles de salarios son influidos por diversos instrumentos de política, que incluyen las leyes de salarios mínimos, la fijación de sueldos (en el caso de los empleados públicos) y la legislación relativa a la actividad sindical. Otras formas de transferencia vertical las dan los sistemas y leyes de seguridad y beneficios sociales. Finalmente, la reforma agraria y otras "reformas estructurales", que transfieren la propiedad de las empresas a sus trabajadores, constituyen formas radicales de redistribución vertical.

Las transferencias horizontales se cumplen principalmente a través de la política fiscal y de precios. Así, la incidencia impositiva neta (impuestos menos gastos públicos) puede diferir significativamente para los sectores moderno y tradicional, causando flujos netos de ingreso y riqueza entre estos sectores. Igualmente, las políticas de precios redistribuyen el ingreso subiendo o bajando la curva de valor agregado en los sectores moderno y tradicional. Usualmente la influencia más poderosa sobre los precios relativos la da la combinación de políticas de tipo de cambio y de aranceles, aunque también la mayoría de los impuestos tienen efectos sobre los precios relativos. El sistema financiero también puede causar transferencias de ingreso, en parte por las frecuentes distorsiones de precios en el mercado

34. Las políticas salariales también tienen efectos secundarios horizontales. En el sector moderno, los salarios más altos pueden, a través de un efecto de oferta, bajar los salarios en el sector tradicional, y la migración estacional crea en el sector moderno una fuente de ingresos salariales para la fuerza de trabajo del sector tradicional. En efecto, la mayoría de las políticas probablemente tienen ambos efectos, vertical y horizontal, a través de su impacto en el mercado de bienes y factores. Es útil, a pesar de todo, distinguir entre el impacto primario (y generalmente más grande) de una medida y sus efectos secundarios a través de los mercados.

de ahorros y, en parte, porque la mayoría de las formas de inversión producen economías externas que favorecen al sector prestatario.

El impedimento más obvio para la redistribución horizontal lo da la asociación entre el poder político y varias características de los sectores modernos, entre ellas los altos ingresos, la riqueza, la educación y el estatus urbano. El sector urbano tradicional disfruta también de algunas de estas fuentes de poder, con la correspondiente ventaja sobre el sector rural tradicional en su habilidad para presionar por transferencias horizontales. Pero el sector tradicional, como un todo, está debilitado por su división en componentes urbanos y rurales, ya que cada uno busca diferentes transferencias horizontales: el sector urbano tradicional quiere hospitales, escuelas secundarias, infraestructura urbana y precios bajos en los alimentos. El sector rural tradicional se beneficia más bien de la salud pública preventiva, la educación agropecuaria básica, la infraestructura rural y el mantenimiento alto del precio de los alimentos.

Con respecto a lo anterior, una desventaja política del sector tradicional es que las transferencias horizontales difícilmente se consiguen por la fuerza. Estas se logran, mayormente, por petición, persuasión o negociación política dentro del Gobierno. El trabajador que puede entrar en huelga —o tomar la fábrica— o hacer manifestaciones por aumentos salariales goza de una ventaja, tanto táctica como psicológica, sobre el campesino que pide escuelas o caminos para su comunidad. El hecho de contar con un objetivo visible y accesible facilita la movilización y hace posible negociar en condiciones ventajosas. Por el contrario, cualquier demanda de la población rural por una mayor asignación presupuestal no es bandera que desencadene una movilización campesina, y para el logro de su petición el medio rural no ofrece objetivos accesibles de los que pudiera apoderarse como recurso su dispersa población. El único procedimiento disponible es hacerse oír dentro del Gobierno. El efecto de este procedimiento es canalizar el pedido hacia un centro o *pool* de reclamos competitivos, en el que las decisiones distributivas sean percibidas como un juego en el que el beneficio de uno implica costo para otro. En lo que respecta a la reforma agraria la situación es distinta: los campesinos están en excelente posición para movilizarse y presionar por la redistribución de tierras. Sin embargo, en la típica economía dual, donde la mayoría de los ingresos se originan en el sector moderno, una sustancial nivelación de ingresos requiere mucho más que una redistribución de tierras.

Las transferencias verticales no solo son más fáciles de implementar, sino que también tienen un respaldo moral del que no goza la redistribución horizontal. Este soporte moral está expresado, por ejemplo, en la teoría del valor-trabajo, y se arraiga en las nociones de justicia, que vinculan los derechos a la creación de algo de valor antes que a su uso; o sea, en un concepto "histórico" frente al de "patrón" de la justicia. Cuando marxistas y conservadores discuten el derecho al "excedente", el argumento se centra en quién realmente produjo tal ingreso. Ambas partes están aceptando implícitamente el derecho distributivo que surge del acto productivo. La doctrina social católica ha defendido también tales nociones históricas de justicia, cuya invocación a una mejor repartición del consumo se basa más en la caridad o el amor que en la justicia.

En contraste, el ideal de la igualdad de ingresos, necesario para fundamentar políticas de redistribución horizontal y, de modo más general, para separar la distribución de la producción, es considerado como un precepto moral más débil. Generalmente, las transferencias horizontales se sustentan más en los sentimientos de caridad que de justicia, y la caridad es con mucho el más débil de estos sentimientos. El ideal comunista —a cada uno según su necesidad— queda como tal para una sociedad de "hombres nuevos", no como una bandera para la acción política de hoy. Buena parte de la indignación que provoca la "desigualdad" se satisface modificando los extremos en los niveles de ingreso. En los países pobres es mayormente un sentido de escándalo ante la existencia de unos cuantos ricos entre muchos pobres, y la nivelación de estos extremos altos se puede lograr sin redistribución horizontal. Así la naturaleza de los sentimientos morales y el problema de los costos administrativos refuerzan las naturales dificultades políticas para el logro de una redistribución horizontal.

Sin embargo, hay dos excepciones importantes a la regla de que las transferencias horizontales son raras. Primero, se conocen muchos ejemplos de redistribución que se extienden desde los agricultores de alta productividad hasta los grupos urbanos. En África se hace a través de entidades oficiales de mercadeo (*marketing boards*); en América Latina, mediante políticas de tipo de cambio y de tarifas. Segundo, las transferencias horizontales han favorecido a la población urbana tradicional. Parte de la transferencia es un desborde accidental de servicios urbanos indivisibles, pero en gran parte constituyen una respuesta política.

Ambos tipos de transferencia horizontal han ocurrido en el Perú, pero no califican sustancialmente el argumento de que la redistribución horizontal es más difícil y más rara y que, en consecuencia, las políticas redistributivas han hecho muy poco para corregir la concentración del ingreso asociado a una economía dual.

Las políticas gubernamentales y su efecto sobre la distribución del ingreso (1961-1971)

Este capítulo trata de cómo las políticas de los regímenes entre 1961 y 1970 han afectado la distribución del ingreso. Las preguntas más importantes que orientan esta discusión son: ¿en qué grado hay más redistribución ahora (1971)? y ¿qué se está haciendo por los más pobres?

El siguiente análisis se basa, principalmente, en el marco de los tres sectores desarrollado en la parte B y en un cuadro estadístico de la distribución del ingreso por sectores, que compara las transferencias de ingresos con los niveles y las tendencias de los ingresos de mercado. Estas cifras están contenidas en el cuadro 8. Las líneas del 1 al 4, del cuadro 8, corresponden a una versión estadística de la forma y composición de la curva de valor agregado en 1961 y 1971. Ofrecen una perspectiva que permite juzgar la importancia de las transferencias de ingreso que resultan de políticas gubernamentales. Las principales formas de transferencia se estiman en las líneas 5 a 11. A continuación, estas cifras se discuten con mayor detalle, desde el punto de vista de cada uno de los tres sectores.

El sector moderno

La mayor parte de la redistribución del ingreso ocurrida en el Perú durante el periodo en estudio ha tenido lugar dentro del sector moderno. El resultado neto ha significado cierta ganancia para el trabajo a expensas del capital, a pesar de que algunas medidas transfieren en el sentido contrario. Parece que el sector, como un todo, se beneficia a expensas de la agricultura comercial, pero pierde tanto en favor del sector urbano tradicional como del subsector rural de subsistencia. Sin embargo, como puede apreciarse en el cuadro 8, estas transferencias horizontales son pequeñas en proporción al tamaño del sector moderno.

El sector moderno transfiere ingresos a los demás sectores a través del presupuesto. En 1970, este sector tuvo una pérdida presupuestal neta equivalente al 15% del valor agregado, mientras que los demás sectores tuvieron pequeñas ganancias. El sector moderno tiene la carga fiscal más fuerte: en 1970 el 23% del valor agregado del sector moderno se destinó al pago de impuestos, mientras que en los sectores urbanos tradicionales los porcentajes fueron de 20% y 9%, respectivamente. Las tres cuartas partes de la recaudación total fiscal vino del sector moderno. Sin embargo, en los demás sectores, particularmente en el urbano tradicional, la incidencia impositiva ha ido creciendo con mayor rapidez, reduciendo de esta manera el grado de progresividad que existía en 1961.

Los gastos públicos son también bastante más altos en el sector moderno, aunque no lo suficiente como para compensar la mayor carga tributaria. De los tres componentes del gasto público, cuyos beneficios pudieron ser asignados por sectores, y que constituyen la mitad del presupuesto total, los beneficios per cápita del sector moderno en 1970 fueron significativamente mayores: S/ 10.062 por trabajador en el sector moderno frente a S/ 6579 en el sector urbano tradicional y S/ 3096 en el sector rural tradicional. A diferencia de la política impositiva, la incidencia de los gastos mejoró durante el periodo: su crecimiento absoluto entre 1961 y 1970 fue más o menos igual para cada sector, implicando así un crecimiento proporcionalmente mayor en los sectores más pobres.

Cuadro 8

Ingreso de mercado y transferencias de ingreso por trabajador y por sector, 1961 y 1970 (en dólares de 1970)

	1961			1970		
	Moderno tradicional			Moderno tradicional		
	Moderno	Urbano	Rural	Moderno	Urbano	Rural
1. Porcentaje de la fuerza laboral	21,1	28,6	50,3	21,6	33,1	45,3
2. Valor agregado	2690	630	530	3590	810	600
3. Ingresos por propiedad	940	60	120	1070	80	90
4. Salario	1750	570	410	2520	730	510
5. Transferencia neta presupuestal	-300	60	20	-540	10	30
6. Impuestos	-530	-70	-30	-800	-160	-50
7. Educación	60	50	20	100	100	50
8. Salud	100	50	10	100	50	10
9. Inversión pública	70	30	20	60	20	20
10. Efecto de precio	40	10	-30	80	30	-70
11. Transferencia de propiedad				140	0	(60)
a) Salario						
b) Utilidades				-120		-(60)

Por otro lado, podría argüirse que la mayoría de los gastos no asignados (principalmente gastos de defensa, policía y algunos de infraestructura básica) ofrecen servicios que son más importantes para el sector moderno que para los otros o que, en cierta medida, consisten en subsidios a los empleados del sector moderno. Ciertamente la política de precios opera en favor del sector moderno, aunque conceptual y estadísticamente es difícil medir el monto de la transferencia involucrada. Los estimados del cuadro 8 indican la dirección y la tendencia de esta transferencia; ambas favorecen al sector moderno. El impacto global de las medidas gubernamentales —la transferencia presupuestal neta (-S/ 20.900), más el efecto-precio (+S/ 3100), más los gastos no asignados (+S/ 4600 o más)[35]— puede ser juzgado, por lo tanto, como neutral o moderadamente negativo para el sector moderno.

El reparto final del ingreso entre el capital y el trabajo, dentro del sector moderno, se ve afectado en parte por la política salarial, por la incidencia impositiva, por la asignación de los gastos públicos y por la política financiera que determina el precio y la asignación de los ahorros. Las políticas de precios también afectan el resultado: algunas tarifas crean utilidades monopólicas al capital, mientras que algunos controles de precios subsidian al trabajador-consumidor. Finalmente, las medidas que reparten utilidades y riquezas son otro instrumento de transferencia vertical. En resumen, el sector moderno es un activo mercado (¿o campo de batalla?) distributivo, con tal intensidad de intercambio que se le debe dar menos importancia al carácter progresivo o regresivo de cada medida específica, salvo para comprender el resultado final.

Entre 1961 y 1970, el nivel de salarios del sector moderno se elevó en 4,1 % anual, excediendo al crecimiento de la productividad. En el sector privado moderno, el salario promedio aumentó aún más

---

35. Una mínima participación de los gastos no asignados podría estimarse asignándolos en términos per cápita; esto da la cifra de S/ 4644. Una asignación proporcional a los ingresos eleva el beneficio presupuestal por trabajador del sector moderno a S/ 10.836, mientras que una cifra mayor resultaría de suponer, como se mencionó anteriormente, que la mayoría de los gastos no asignados benefician principalmente al sector moderno.

rápido, al 5,0%, a la vez que se estancó la absorción de empleo. En el sector público, el crecimiento del empleo contribuyó más que el del salario promedio. El resultado global fue que la participación de salarios en el valor agregado del sector moderno aumentó de 65% a 70%. Se arguyó anteriormente que esta ganancia debe atribuirse a las características tecnológicas y políticas, estrechamente vinculadas, del sector moderno. Hacia 1963, el poder político y sindical de la fuerza laboral del sector moderno ya era fuerte. Tal como se muestra en la figura 3, hay una evidencia indirecta del poder sindical, que se refleja en la fuerte relación entre los niveles de salario y de productividad en empresas de distinto tamaño y en las diferentes ramas productivas. Dicho poder puede haber aumentado durante el gobierno de Belaunde. Un índice del respaldo político es el número de sindicatos oficialmente reconocidos. Entre 1962 y 1967 anualmente se reconoció un promedio de 223 sindicatos, mientras que entre 1950 y 1961 la cifra fue solo de 38. El poder de la clase trabajadora se refuerza durante los primeros años de gobierno de Velasco, lo que permite que en los grandes establecimientos mineros y manufactureros los salarios hayan aumentado, entre 1969 y 1971, en más del 5% anual.

Parece que el presupuesto también redistribuye del capital al trabajo. La carga tributaria es progresiva dentro del sector moderno y la incidencia de los gastos de salud y educación probablemente favorecen al trabajo, en gran parte porque las clases altas recurren a servicios privados de educación y medicina. Por lo tanto, los rubros del presupuesto más fácilmente asignables son progresivos en su incidencia neta. Muchos gastos públicos, tales como caminos y puertos, son complementarios a las inversiones del sector privado, pero inversiones en viviendas, escuelas, irrigación de nuevas tierras, hospitales, etc. benefician más directamente a los grupos de ingreso medio o bajo.

El principal cambio en política distributiva introducido por el gobierno de Velasco consiste en la redistribución de las utilidades y de la propiedad dentro de las empresas modernas. El efecto resultante es la acentuación de la redistribución vertical, que en menor medida venía ocurriendo a través de las políticas salariales y fiscales.

Para un número pequeño de trabajadores, la transferencia bruta involucrada es muy grande, pero para el íntegro del sector moderno esta constituye actualmente alrededor del 6% del ingreso por trabajo (véase cuadro 8). Si la transferencia gradual del capital accionario que tendrá lugar con la nueva Ley de Industria ocurriera repentinamente, en el sector moderno la redistribución del ingreso por trabajo se incrementaría entre 20 y 35%.[36] La redistribución que se ha planeado es pues relativamente grande, aunque la transferencia bruta puede resultar mayor que la neta porque los salarios pueden elevarse menos que anteriormente. Hay indicios de que el Gobierno está tratando actualmente de limitar los aumentos salariales del sector moderno, pero solo un cambio considerable en el comportamiento y en la actitud política del Gobierno hacia el sector laboral organizado logrará evitar que solo los trabajadores del sector moderno obtengan los beneficios que surgirán de las comunidades laborales.

El sector urbano tradicional

Ya que alrededor de las dos terceras partes del sector urbano tradicional está formada por trabajadores independientes y que el resto son empleados de pequeños negocios, donde la utilidad generada por el trabajador es baja, la redistribución vertical en este sector es poco relevante. Más aún, una legislación que contemple salarios mínimos o beneficios similares sería difícil de implementar en pequeñas empresas y hogares que emplean domésticas, y en este sector la elevada elasticidad-precio de la demanda por mano de obra ocasionaría un gran efecto sobre el empleo.

Estas limitaciones se han visto reflejadas en el poco énfasis que han puesto los gobiernos en cualquier forma de redistribución vertical dentro de dicho sector. Las leyes de salario mínimo fueron introducidas por primera vez en 1962, por la Junta Militar, generalizándose para el resto del país durante el gobierno de Belaunde, pero nunca se ha hecho un esfuerzo serio para implementarlas en

36. Véase cuadro 8, basado en porcentajes de transferencia legislados para cada sector y en el ingreso total de la propiedad en el sector moderno para 1970, aunque gran parte no está sujeto a transferencias (alquileres, intereses, utilidades de empresas estatales, etc.).

las pequeñas empresas. La legislación sindical las excluye deliberadamente (empresas con menos de veinte empleados). El gobierno actual ha querido mejorar la situación de parte de dicho sector, al imponer a los empleadores el seguro social para los empleados domésticos; pero, en un mercado tan competitivo y poco controlado como el de los domésticos, cualquier legislación que exija el pago de beneficios suplementarios a los empleados se verá en gran parte anulada por los reajustes eventuales del salario de mercado. Además las transferencias sectoriales de propiedad, hasta ahora decretadas por el Gobierno, excluyen completamente al sector urbano tradicional.

Por lo tanto, lo que se puede hacer por los pobres de este sector debe hacerse a expensas de los otros sectores. La mayor transferencia horizontal recibida por el sector urbano tradicional proviene de los servicios públicos y de los precios bajos de los alimentos: ambos están al alcance de todos los residentes urbanos, aunque con diferentes grados de accesibilidad.

Ninguno de los dos últimos gobiernos, en lo que respecta a las transferencias destinadas deliberadamente al urbano pobre, ha logrado resultados significativos. Ambos han dado gran publicidad y financiamiento a la construcción de viviendas, a pesar de que esta es la manera menos efectiva de llegar a los muy pobres: los costos por beneficiario son altos y, en el mejor de los casos, son pocos los que se benefician. En la práctica, el sistema de vivienda subsidiada ha beneficiado casi en su totalidad a los empleados de ingresos medios. Los recientes programas de vivienda subsidiada están llegando en promedio a grupos más pobres que durante el gobierno de Belaunde, aunque los precios excluyen todavía a los más pobres. Y todavía para los trabajadores independientes, con ingresos inestables, los criterios para obtener crédito limitan su acceso a este.[37] Los gastos públicos en pavimentación, agua, alcantarillado, etc. para los pueblos jóvenes han sido mínimos durante todo el periodo.[38] Entre 1964 y 1970,

37. Véase Tapia 1971 para estadísticas de precios de viviendas y niveles de ingreso urbanos.

38. Una encuesta de 1967, de residentes de barriada, realizada por el CISM, reveló que el 58% de las casas no tenían instalación de agua, el 61% no tenía alcanta-

el Paseo de la República absorbió la mitad de la inversión total del municipio de Lima: de 1970 a 1972, la extensión de la Vía Expresa a las zonas residenciales y playas sigue siendo el proyecto municipal más importante.

Los servicios sanitarios urbanos son mucho mejores que los rurales: en 1964 los gastos per cápita en 15 ciudades fueron de S/ 430 vs. S/ 30 en el resto del país. Los gastos públicos en salud se han incrementado desde 1961, pero ningún gobierno ha atacado seriamente la discriminación del sistema dual de salud: los militares, la policía y los empleados del sector moderno reciben mejores servicios que los trabajadores independientes u obreros de empresas de pequeña escala, quienes deben recurrir a hospitales estatales o a instituciones de beneficencia. El gobierno de Velasco ha hecho algunos cambios en la dirección correcta: ha incorporado a los empleados domésticos dentro del sistema de seguridad social y viene estudiando la extensión de los sistemas de seguridad social a otros grupos, aunque sin modificar el patrón básico. Más que cualquier otro servicio público urbano, el sistema de salud pública discrimina nítidamente entre los sectores moderno y urbano tradicional.

La naturaleza de la economía del sector urbano tradicional dificulta la mejora de ingresos de este sector mediante una elevación de la productividad. El mayor gasto público en el sector urbano tradicional es en el rubro de educación, cuyo valor como transferencia corriente es obvio. Sin embargo, resulta menos claro que la educación eleve los ingresos monetarios: ¿gastaría más el sector moderno en bienes y servicios del sector urbano tradicional si los trabajadores de este fuesen más instruidos? Mi opinión es que el gasto total sería similar, pero habría un menor empleo con mayores ingresos promedio en el sector urbano tradicional, reduciendo así las diferencias de ingreso entre el sector moderno y el sector urbano tradicional, pero aumentándolas entre los sectores urbano tradicional y rural tradicional. De

---

rillas y el 87% vivía en calles no pavimentadas. Contrariamente, solo el 2% de las familias tenían niños que no asistían a escuelas primarias y, lo que es más sorprendente, solo el 11% tiene hijos de entre 13 y 21 años de edad que no asistían a colegios secundarios. CISM 1967.

cualquier modo, desde 1961 los gobiernos han estado fuertemente empeñados en ofrecer más educación a la población urbana, sin discriminación significativa en contra de los pobres. El único cambio aparente respecto al énfasis en la educación entre los dos gobiernos es la reducción del presupuesto universitario en el gobierno actual. Pero no debe dejarse de tomar en cuenta que este sector será afectado por el cambio sustantivo que se producirá con la reforma estructural de la educación, que se encuentra ahora en sus etapas iniciales.

Por el lado del pasivo, el sector urbano tradicional no ha sido favorecido como contribuyente. En 1970 su carga impositiva (de 19%) fue casi tan alta como la del sector moderno (23,0%). La política impositiva de Belaunde fue particularmente regresiva con respecto a este sector: su carga impositiva se elevó de 10,2% en 1961 a 20,5% en 1969. Aunque es probable que la carga impositiva total no siga un ritmo creciente durante el gobierno de Velasco, los actuales cambios impositivos parecen ser también discriminatorios contra este sector: las recientes reducciones impositivas benefician mayormente al sector moderno, mientras que el incremento de los impuestos sobre el valor agregado afecta básicamente a los consumidores de bajos ingresos. La carga neta fiscal empeoró para el sector urbano tradicional durante el gobierno de Belaunde, a pesar de que se duplicaron los gastos per cápita en el rubro educación. Probablemente desde 1969 la carga neta fiscal ha variado poco.

En resumen, la naturaleza de la economía del sector urbano tradicional hace difícil su ayuda. La redistribución vertical es poco viable, y la elevación de la productividad mediante transferencias horizontales, en la forma de educación e infraestructura productiva, probablemente cambian más la distribución del ingreso y del empleo dentro del sector urbano tradicional que su ingreso total. Este sector recibe más transferencias de bienestar que la población rural, aunque menos que el sector moderno. También hay una transferencia de ingreso desde la población rural debido a la política de precios de los alimentos. Gran parte de los beneficios fiscales se pagan con impuestos, pero el sector es claramente un receptor neto de ingresos provenientes de otros sectores, todo esto si se toma en cuenta el efecto de las políticas de precios y el de los gastos públicos no asignados. Finalmente, en los principales aspectos de política distributiva hacia este sector, ha habido una considerable continuidad entre 1963 y 1971.

El sector rural tradicional

El impacto de las políticas distributivas sobre el sector rural tradicional es más fácil de evaluar si se separa al sector en sus componentes: de subsistencia y comercial.

1. *El sector de subsistencia.* Si clasificamos a las haciendas y sus colonos como sector comercial, los minifundistas de subsistencia restantes (alrededor del 20% de la población del país) pueden beneficiarse solamente por la vía horizontal, principalmente por transferencias fiscales. Como la mayoría de ellos vende, por lo menos, una pequeña porción de sus productos y compra algunos bienes gravados, está afectada en algún grado —en ambos casos negativamente— tanto por la política de precios como por los impuestos. La carga impositiva es muy baja, pero la política de precios es discriminatoria: las importaciones de alimentos continúan exentas de tarifas aduaneras, mientras que la tarifa promedio en todos los demás bienes se ha elevado aproximadamente de 30% en 1961 a más del 70% en 1970. Las importaciones de carne de vacuno barata compiten con una de las principales fuentes de ingreso en efectivo de los pequeños agricultores. En 1961, 70% del ganado vacuno correspondía a propietarios con menos de 5 ha. Las importaciones de carne crecieron tan rápido durante los diez últimos años que actualmente se ha impuesto el racionamiento para reducir la demanda. Sin embargo, las familias de clase media son las principales consumidoras de carne. Asimismo, la exención de tarifas en las importaciones de trigo favorece el consumo del pan. Una tarifa general no discriminatoria, o una discriminación tarifaria inversa, en favor de los productos alimenticios nacionales, elevaría en la sierra los ingresos provenientes de la venta de papas y de otros sustitutos del pan. Se cree que las

papas, en particular, tienen una oferta relativamente elástica, o sea que existe la posibilidad simultánea de sustituir importaciones y de beneficiar a los pequeños agricultores. En cambio, los gastos del Gobierno benefician a la economía de subsistencia. La mayor transferencia directa es la educación.

Sin embargo, debería invertirse mucho más en educación en las áreas rurales atrasadas, donde los materiales escolares son escasos, los profesores están mal preparados, no se dispone de educación secundaria y donde el grado de analfabetismo sigue siendo alto. El Plan de Desarrollo 1971-1975 reconoce todas estas necesidades, pero sus proyecciones no implican un gran esfuerzo financiero. Por ejemplo, no hay indicación alguna de un fondo para un programa masivo de alfabetización. Un esfuerzo financiero adicional, sin embargo, puede ser menos importante que algunas mejoras en la calidad de la educación rural, la cual probablemente contribuye poco en este momento al bienestar o ingreso futuro del campesino que no emigra. Dado que las mejoras administrativas requeridas para realizar cambios significativos en la calidad de la educación rural serán una tarea larga e incierta, parece poco probable que durante los próximos años la educación se constituya en vehículo para una sustancial transferencia adicional hacia el sector de subsistencia.

Se gasta menos dinero en dos tipos más efectivos de transferencia fiscal a los pequeños agricultores: la infraestructura rural y los servicios de extensión y crédito agrícola. El programa de inversiones de Belaunde tuvo como componentes menores la construcción de caminos secundarios y proyectos de pequeñas irrigaciones en la sierra. Mayor es ahora la asignación para caminos troncales y otras rutas principales que penetran a lo largo de la sierra, que también favorecen a los pequeños agricultores y absorberían alrededor de un tercio de los gastos proyectados para caminos en 1971-1975. A pesar de que la sierra recibe mucho menos per cápita, la construcción de caminos es tal vez la transferencia más productiva para la población rural más pobre. En contraste, los proyectos potenciales de pequeñas irrigaciones en la sierra han sido y siguen siendo casi totalmente ignorados.

La historia de la extensión agrícola y de crédito a pequeños agricultores en la sierra es la de una extrema negligencia. Para 1969, el servicio de extensión pretendía haber atendido a un total de 117.000 familias, pero alrededor de dos tercios pertenecían a la costa o a la montaña. De este modo, solo 40.000 familias, o sea alrededor del 4% de los pequeños agricultores de la sierra, recibieron ayuda directa. La distribución del crédito agrícola ha sido similar. Es difícil juzgar cuánto más hará el presente régimen. El temor obvio es que la preocupación del plan con respecto al cambio en la tenencia de la tierra y a las grandes colonizaciones e irrigaciones hará que se dirija la mayor parte del esfuerzo y del dinero al 10 o 20% de la población de pequeños agricultores que recibirán tierra, incluyendo a muchos en la costa. El Plan de Desarrollo Agrícola 1971-1975 casi no se refiere a algo que, probablemente, será su mayor limitación: la escasez de técnicos con mayores conocimientos de agricultura serrana que los campesinos mismos y con capacidad de comunicarse con ellos y de persuadidos al cambio. Los programas oficiales no contemplan en sus planes un incremento sustancial en la cantidad y calidad de la asistencia técnica a los pequeños agricultores.

2. El componente comercial del sector rural tradicional incluye, por definición, a las haciendas de la costa y de la selva (salvo las haciendas azucareras, que se clasifican en el sector moderno), a las haciendas de la sierra y a la mayor parte de los pequeños agricultores de la sierra central. La participación en el mercado es una ventaja ambigua para estos agricultores, pues los lleva a fuertes transferencias negativas, vía política de precios y de impuestos. La debilidad política y la vulnerabilidad a medidas tributarias y de precios se combinan para hacer de este sector el más perjudicado del país, como en muchos otros países subdesarrollados.

Desde 1963 ha habido un fuerte grado de distribución de ingresos tanto dentro de la agricultura comercial como desde este sector hacia la economía urbana, siendo los grandes terratenientes los más claramente afectados. En el caso de los pequeños agricultores y asalariados es más difícil determinar la incidencia neta de, por un lado, mejores salarios y servicios públicos y, por otro, mayores impuestos y un deterioro de los términos de intercambio con la ciudad. El sector, como un todo, ha sido castigado por la sobrevaluación del tipo de cambio, que redujo las ganancias provenientes del algodón y del café y abarató las importaciones de alimentos competitivos, y por la combinación de control de precios y de bajas tarifas en el renglón de alimentos. Más aún, parte de la carga creciente de impuestos indirectos recayó sobre este grupo, mientras que el gasto público complementario a la agricultura comercial ya existente (por ejemplo, la mejora de los sistemas irrigación y silos) tuvo baja prioridad.

Sin embargo, los pequeños agricultores y asalariados rurales reciben cierta compensación materializada en una mejora en los servicios de bienestar, básicamente en educación. Y los asalariados, incluidos los colonos de la sierra, se han beneficiado con una política salarial favorable. En las décadas de 1950 y 1960, la mayoría de los sindicatos de las haciendas costeñas fue reconocida y recibió un arbitraje oficial favorable. Como resultado, los salarios en las haciendas costeñas crecieron más rápido que los de los trabajadores del sector moderno.[39]

Durante el mismo periodo, los colonos serranos obtuvieron ganancias paralelas, pese al trato discriminatorio que recibieron los sindicatos agrícolas de la sierra. De los 279 sindicatos reconocidos entre 1961 y 1967 solo 5 correspondieron a la sierra. Sin embargo, aunque la reivindicación es parcial y dispersa, parece haber un consenso general respecto a que la movilización campesina y las actividades sindicales de la sierra desde fines de la década de 1950 y comienzos de la de 1960 dieron por resultado un mejor trato de parte del hacendado: los pactos salariales se vieron favorecidos por la legislación de salarios mínimos a mediados de los años sesenta, pero también se

39. Entre 1950 y 1966, los salarios de las haciendas costeñas crecieron alrededor de 5% al año. Las haciendas azucareras solo absorben el 10% de esta fuerza de trabajo. El rápido incremento en los salarios de otras haciendas costeñas, aquí clasificadas como tradicionales, fue posible, en parte, porque la productividad en estas haciendas es relativamente alta dentro de la agricultura, aunque son marginales al sector moderno.

consiguieron mejores condiciones de trabajo (días trabajados en la hacienda, establecimientos de escuelas, etc.) y hubo recuperación de tierras comunales.[40]

Ha habido una notable continuidad en el modelo de la política redistributiva hacia el sector rural, caracterizado por las transferencias horizontales negativas y por una redistribución del ingreso y de la propiedad en forma vertical, de los terratenientes hacia los asalariados y algunos pequeños agricultores. Con la ley de reforma agraria la transferencia vertical se ha hecho radical. Por otro lado, la incidencia negativa, tanto de la política de precios como de la política impositiva, parece que se ha agudizado con los impuestos al consumo y a las ventas, y por la aplicación más rígida y extensiva de los controles de precios a los alimentos.[41] Igualmente, las transferencias fiscales positivas hacia el sector, tanto las de tipo productivo como las de bienestar, siguen teniendo un orden de prioridad relativamente menor.

Conclusiones

Dos resultados principales de la descripción anterior sobre las medidas distributivas a partir de 1963 son, primero, que sus efectos netos han sido progresivos y, segundo, que el patrón de redistribución entre

---

40. Un testigo de la retirada del hacendado en una parte de la sierra, ocurrida en este periodo, escribe: "Hecho incontrovertible: el latifundio decae en todas partes, cada día es más difícil mantenerlo [...] los gamonales venden sus tierras o se alejan abandonando a sus siervos la posesión de los cultivos" (Béjar 1969: 93).

41. Son tentativos los estimados de la redistribución causada por la política de precios, pero los estimados del cuadro 1 (fila 10) indican el orden de magnitud de las tarifas no neutrales y los controles de precios sobre los alimentos. Para estimar la posibilidad de elevar los ingresos rurales a través de políticas de precios con un sesgo deliberadamente rural se podría suponer, por ejemplo, tarifas prohibitivas en la mayor parte de los alimentos importados, ningún control de precios sobre los alimentos y, posiblemente, una mayor tasa de cambio para las exportaciones agrícolas. Un cálculo burdo del valor de la producción agrícola exportada y de la que compite con importaciones y de la elasticidad —precio de la demanda interna para bienes— sugiere que tales políticas podrían elevar los ingresos de los agricultores independientes en el orden del 10% al 50%, según sea la proporción del producto.

1961 y 1971 ha sido similar, caracterizado por una redistribución progresiva dentro de los sectores modernos y urbanos tradicionales.

La incidencia progresiva de la política redistributiva es más evidente en el sector moderno, donde el presupuesto transfiere el ingreso tanto hacia abajo como hacia el sector tradicional, y donde la participación del trabajo resultante del sistema de mercado ha sido elevada por las políticas salariales y por la participación de utilidades. El sector urbano tradicional es un receptor neto de transferencias de ingresos, en parte a expensas de los contribuyentes del sector moderno y en parte, también, de los agricultores como resultado de la política de precios de alimentos. En el sector rural, las familias más pobres están formadas por agricultores de subsistencia, que han recibido una positiva y creciente transferencia presupuestal neta, y cuya reducida participación en el mercado limita el impacto negativo de las políticas de precios y de los impuestos indirectos. Por el contrario, los asalariados de la agricultura comercial se han beneficiado de una redistribución vertical: parece que el presupuesto no los ha afectado, pero han sido favorecidos por las políticas salariales del gobierno de Belaunde, y actualmente son los beneficiarios principales de la reforma agraria. Por otro lado, los pequeños y medianos agricultores que producen para el mercado sufren pérdidas sustanciales por las políticas de precios y no son favorecidos por el presupuesto. Este grupo de "ingresos medios" constituye, tal vez, la excepción más importante a la progresividad general de la política distributiva.

Pese a que la política ha actuado en la dirección deseada, los montos transferidos son aún muy pequeños en relación con las grandes y crecientes disparidades en los ingresos de mercado, que se evidencian en el cuadro 8. Por otra parte, la asignación de beneficios ha sido injusta.

Las mayores transferencias se han dirigido hacia los asalariados urbanos y, particularmente, a los del sector moderno, la mayoría de los cuales están situados en los dos o tres deciles superiores de la distribución del ingreso. Aun dentro del sector moderno, el impacto acumulativo de las medidas salariales y de la participación de utilidades ha tenido una incidencia desigual, favoreciendo fuertemente a los trabajadores de empresas de intensa capitalización. El sector rural ha ganado mucho menos, y, una vez más, la distribución de los beneficios ha favorecido a los que perciben mayores salarios en este sector. Las medidas distributivas más radicales hasta la fecha —las reformas sectoriales— en realidad deterioran la distribución del ingreso laboral. En términos per cápita, el patrón general de la redistribución puede considerarse como muy injusto.

El aspecto básico del patrón de redistribución ha sido su propensión hacia las transferencias verticales. La política ha tendido así más a que corran paralelos que a compensar los ingresos del mercado de estructura dualista. En efecto, es probable que el crecimiento del mercado haya hecho más por el sector tradicional que la misma política distributiva. Las transferencias horizontales existen, y el presupuesto parece favorecer al sector rural tradicional; sin embargo, la transferencia presupuestal está más que compensada por efectos inversos de las políticas de precios. Incluso, como conjunto, resulta insignificante la transferencia neta horizontal hacia el sector tradicional, en relación tanto con su ingreso como con el del sector moderno. Hay así un contraste con las grandes transferencias verticales per cápita que reciben los trabajadores del sector moderno. La continuidad de este patrón en el gobierno de Velasco indica que, frente a las transferencias horizontales, permanecen sustancialmente inalteradas las subyacentes predisposiciones políticas, administrativas y psicológicas. Si bien, como balance, puede haber habido cierta aceleración en el grado de redistribución, como lo hubo en el gobierno de Belaunde, la evidencia no señala en este lapso ningún cambio importante en el gobierno de Velasco, ni en el monto ni en el sentido de la redistribución. Algunas medidas muy dramáticas y positivas deben ser confrontadas con algunos cambios menos visibles, pero negativos, en las políticas de impuestos, gastos sociales y de precios. Mientras ciertas recientes medidas redistributivas han sido favorables, los efectos de otras políticas que están modelando la estructura económica y política del país no son propicios para los pobres. Estas políticas están incrementando el dualismo de la economía y disminuyendo el poder político de los grupos más pobres.

Se está reforzando de varias maneras el dualismo de la estructura de producción, siendo la más importante el cambio en la proyectada composición del producto sectorial, al otorgársele una prioridad muy grande a la minería y a la industria pesada de capital intensivo. La carrera para establecer una base en varias ramas de las industrias metalúrgica, petroquímica y química, adelantándose a los convenios de complementariedad que se están forjando en el Pacto Andino, está reforzando el alto grado de prioridad de que ya disfrutan estas industrias. La competencia dentro del Pacto Andino desalentará, por otra parte, cualquier deseo de sacrificar la eficiencia industrial en favor de la intensidad en trabajo. En otras actividades, el plan del gobierno está fuertemente orientado hacia las inversiones en gran escala que serán parte, o complementarias, del sector moderno.

El dualismo también se ve reforzado por políticas de precios de factores que incrementan probablemente las distorsiones previas a favor de las técnicas de capital intensivo. Se ha permitido que los salarios asciendan sustancialmente en los establecimientos de alta productividad, mientras que numerosos incentivos creados por la Ley de Industrias y por otras leyes sectoriales tienden a abaratar el costo del capital. Finalmente, las recientemente creadas comunidades laborales —en las empresas modernas del sector privado— tenderán a resistir la expansión del empleo y buscarán maximizar los dividendos por trabajador maximizando el capital por trabajador. El mayor dualismo incrementará la concentración del valor agregado en el sector moderno y, en consecuencia, la necesidad de transferencias horizontales.

El enfoque sectorial del gobierno militar con respecto a la organización social, como la tendencia a debilitar las asociaciones de clase y el énfasis en los sectores productivos como unidades sociales básicas, parece ir paralelo con el sesgo hacia la redistribución vertical. La participación en el esfuerzo y las utilidades, dentro de cada sector productivo, se propone como antídoto al conflicto de clases, pero su efecto será también reforzar el embotellamiento del ingreso dentro de los sectores ricos. La reforma agraria constituye en sí una considerable transferencia para algunos sectores campesinos, pero para la mayoría de ellos podría ser ahora más difícil presionar por una mayor participación en los beneficios de la productividad del sector moderno. Actualmente, por ejemplo, los agricultores parecen tener menos poder para defenderse del deterioro de los términos de intercambio rural-urbano que han resultado de las políticas gubernamentales en materia de precios y de importaciones.

El gobierno de Velasco parece haberse dado cuenta del carácter negativo de las implicaciones redistributivas de su modelo político y económico. La obvia desigualdad de la redistribución creada por la Ley de Industrias no se ha repetido en la posterior legislación que norma la participación en las empresas mineras y pesqueras, sujetas a leyes especiales. El rechazo inicial al concepto de "unidad agrícola familiar" y su sustitución por el de unidades agrícolas cada vez mayores está, en parte, motivado por el deseo de repartir más ampliamente los beneficios de la reforma agraria. Los funcionarios se han referido abiertamente a los trabajadores azucareros eventuales, que es quizás el caso de exclusión más visible y enojoso. Estas preocupaciones son tomadas en cuenta en el proyecto de Ley de Propiedad Social que socializaría por lo menos parte del derecho al control y al ingreso de la propiedad privada. Si se aprobara una versión radical de esta ley se podría conseguir una mejora significativa del potencial para crear flujos de redistribución horizontal, pero para lograrlo serían también necesarios otros cambios (y revocaciones) en la práctica, por ejemplo, en las prioridades de inversión sectorial.

Sin embargo, hasta el momento hay poca evidencia de los cambios políticos, administrativos y psicológicos necesarios para una sustancial y rápida alteración en el grado y dirección de la redistribución del ingreso.

Implicaciones para las políticas redistributivas

Naturaleza del problema

Si se enfoca la historia reciente —y el caso de los más pobres—, resalta la desigualdad del sistema económico, así como la insuficiencia de la política redistributiva. Hoy día, uno de cada cuatro peruanos subsiste con menos de S/ 4000 al año, con un estándar de vida que apenas ha sido tocado por la expansión de la economía o por las medidas gubernamentales de las dos últimas décadas. Las políticas del actual régimen, incluida la reforma agraria, pese a ejercer un mayor grado de control y de tener una evidente preocupación redistributiva, están haciendo muy poco por los muy pobres; parece que dichas políticas, en lugar de reducirlas, refuerzan las principales divisiones socioeconómicas de la sociedad. Las radicales medidas redistributivas están dando mayores ganancias a los trabajadores cuyos salarios superan en cinco a diez veces al ingreso promedio de los agricultores de subsistencia, mientras que desde 1969 los cambios menos visibles en impuestos y precios han sido regresivos, y en lo que concierne a los pobres rurales no se han tomado iniciativas importantes en lo que respecta a programas de gastos.

Sin embargo, en una visión de conjunto y de largo alcance, la evolución de la economía no resulta tan sombría. En particular, la amplitud del crecimiento de los ingresos en la mayor parte de la población entra en conflicto con el enfoque de la "dominación", que imagina dicho crecimiento totalmente embotellado en favor de un pequeño y poderoso sector moderno, que, como si fuera la divinidad, encarna al padre, al hijo y al mismo espíritu del crecimiento. Este enfoque tiene como supuestos eslabonamientos más débiles, menores fuentes de crecimiento autónomo de la productividad en el sector tradicional y una mayor concentración del poder (y de los beneficios de la política gubernamental) de lo que parece ser el caso. Las siguientes proposiciones son más compatibles con las actuales tendencias del ingreso en el Perú.

Primero, la demanda ha crecido enormemente dentro de un sector moderno y dinámico, que ha beneficiado a muchos pequeños agricultores y a trabajadores de la industria de la construcción, de comercio y de servicios del sector urbano tradicional. Es cierto que la demanda derivada ha generado tasas de crecimiento del ingreso más lentas que las del sector moderno, pero, de otro lado, se ha extendido a una gran proporción de la población.

Segundo, en el sector tradicional formas menos publicitadas de la tecnología moderna han elevado directamente la productividad: las máquinas de tejer en las comunidades rurales, los pequeños equipos eléctricos, los sopletes de acetileno de los artesanos urbanos y las cajas registradoras de las pequeñas tiendas probablemente constituyen una revolución en los negocios de pequeña escala.[42]

Tercero, la política gubernamental ha operado para elevar los ingresos de muchos grupos de trabajadores que no pertenecen al sector moderno. Por ejemplo, los trabajadores de las haciendas costeñas, incluso los de las más pequeñas y no registradas, actualmente tienden a recibir el salario mínimo. Igual ocurre con los empleados de muchas empresas pequeñas de Lima. La construcción de caminos ha conectado a las comunidades serranas con los mercados urbanos. La sustitución de la defensa automática a los terratenientes por una posición más neutral —e incluso desde comienzos de la década de 1960 por un decidido apoyo a las organizaciones campesinas y sus reclamos— ha ayudado a muchas comunidades de la sierra a recuperar sus tierras y a obtener salarios más altos y afrontar menores obligaciones. Recientemente, la reforma agraria ha significado una transferencia más amplia al sector rural.

Estos desarrollos de las dos últimas décadas siguen el patrón a largo plazo observado por Hunt, de una tendencia en la política redistributiva a beneficiar cada vez a grupos mayores de la población.[43]

No se pretende decir que la política gubernamental ha sido fuertemente redistributiva; la mayor parte de este estudio tiende a demostrar lo contrario. Pero los datos de que se dispone no dan pie a la posición extrema de que, hasta el momento, la política gubernamental y el sistema económico han operado casi exclusivamente en beneficio de una pequeña minoría, eliminando la posibilidad de cualquier mejora económica para la mayoría de la población. Un cuadro más exacto sería el de un proceso de lenta difusión de beneficios de arriba hacia abajo, a través de medidas tanto gubernamentales como de mercado. La creciente desigualdad ha estado acompañada por cierta mejora en los estándares de vida de la mayoría y por cambios culturales y sociales que han movilizado y extendido el poder a grupos cada vez mayores. Si continuara esta tendencia habrá una aceleración en la ahora lenta tasa de cambios de los muy pobres.

---

42. Véase Webb 1972b para evidencias de cambios económicos en el sector tradicional.
43. Hunt (1971) estudia la política presupuestal a partir de 1900.

Pero ¿por qué tienen que esperar los pobres esta gradual expansión del ingreso? En el mejor de los casos, esta lenta difusión de beneficios de arriba hacia abajo, aun en el actual proceso revolucionario, significará un largo periodo de pobreza persistente y de desigualdad creciente. Por otra parte, conseguir una mejora drástica en el estándar de vida de los muy pobres es económicamente factible: una transferencia selectiva del 5% del ingreso nacional, tomada del 1% de la parte más rica de la población y distribuida al cuartil más pobre, reduciría los ingresos absolutos de los primeros en solo 16%, pero doblaría los ingresos en la base. En contraste con lo anterior, un esfuerzo de desarrollo económico muy exitoso, consistente en una tasa sostenida de crecimiento del 3% anual para toda la población, requeriría más de veinte años para lograr la misma mejora en el cuartil inferior, y mucho más tiempo si se descuenta la espera involucrada.

¿Qué implicaría un programa de redistribución sustancial destinado a los muy pobres? Dos maneras de encarar el problema lo ofrecen la teoría de la "dominación" y el enfoque del empleo. La primera imputa las desigualdades del ingreso al uso del poder, y sugiere que se lograría un igualamiento considerable destruyendo los mecanismos de explotación. La segunda relaciona la desigualdad con la estructura de producción y busca, por lo tanto, reducir las diferencias en los ingresos igualando los niveles de productividad.

El enfoque de la teoría de la dominación

El patrón de crecimiento desigual que se observa se atribuye a una concentración del poder que les permite a los ricos de los centros urbanos y modernos crecer a expensas de las zonas atrasadas, arcaicas y tradicionales (Stavenhagen 1968: 20).

Stavenhagen formula la analogía que caracteriza a este argumento: "[...] las regiones atrasadas y subdesarrolladas de nuestros países siempre han jugado el papel de *colonias internas* en relación a los centros urbanos en desarrollo de las áreas agrícolas productivas" (Stavenhagen 1968: 20). Esta tesis usualmente se expresa en términos de "dominación" y "marginalidad", dando así fuerza a la explicación política de la desigualdad (véase Sunkel 1970).[44]

La mayor parte de la literatura es vaga o ambigua con relación a dos proposiciones centrales del argumento: ¿hasta qué punto se puede atribuir la "marginalidad" al ejercicio del poder político en las relaciones económicas internas y hasta qué punto es resultado de mecanismos de mercado tales como los efectos "polarizantes", descritos por Hirschman (1958: 187-195), o los procesos similares de "círculo vicioso", analizados por Myrdal? Y segundo, ¿hasta qué grado es un fenómeno sectorial, que implica la explotación de un sector atrasado por parte un sector moderno, o un fenómeno de clases en el que el trabajo es explotado por el capital en ambos sectores? La expresión más clara de esta distinción ha sido formulada por Pinto.[45] Sin embargo, lo más frecuente es que no se haga distinción entre estas proposiciones, y la evidencia que la respalda tiende a ser impresionista. La confusión con relación al segundo punto (sectores vs. clases) parece derivar, en parte, de los intentos de reconciliar conceptos marxistas con la realidad del dualismo. Lo más común es alegar que existen ambas formas de explotación (véase Oliveira 1973: 411-484).[46]

La interpretación marxista de la explotación dentro del sector capitalista no parece útil para explicar lo ocurrido en el Perú en la última década. Durante los últimos veinte años, en el sector moderno han crecido gradualmente tanto los salarios absolutos como la participación del trabajo en el valor agregado total. Por otra parte, el trabajo también se ha beneficiado en la agricultura comercial. Más aún, gran parte de esta mejora puede ser atribuida a un cambio en la distribución del poder.

No solo ha mejorado la distribución de los ingresos de mercado, sino que en el sector moderno también ha ocurrido una transferencia neta presupuestal de ingresos hacia los grupos de base. Finalmente,

44. Véase también Pinto 1967 y Quijano 1968a: 289-328.

45. En Pinto 1967, especialmente en las páginas 39-42, y más recientemente en Pinto 1969: 28-30.

46. Es un intento ambiciosamente argüido, aunque pobremente documentado, de justificar una interpretación marxista del crecimiento dualístico del Brasil.

la mejora relativa experimentada por los trabajadores del sector moderno se ha producido en todos los gobiernos, desde la dictadura de derecha de Odría hasta el actual régimen revolucionario militar. Por lo menos, en el caso del Perú, se está ante la tentación de proponer una ley marxista al revés: la de una creciente mejora de la clase trabajadora del sector moderno.

Más plausible es la alegada explotación del sector tradicional por parte del sector moderno. El de igual crecimiento sectorial es algo bien documentado, pero la explotación implica más bien el uso de instrumentos políticos para transferir el ingreso.[47] Los mecanismos de transferencia más comúnmente citados son los impuestos regresivos, los gastos públicos en favor de los ricos, el sistema financiero y políticas de precios prourbanas, así como tarifas y otras formas de protección al capital del sector moderno (véase Pinto 1967: 28-29).

Por ejemplo, Griffin (1969) escribe que "el sistema bancario del Perú, su tenencia de tierra y sus instituciones sociales están organizadas de tal manera que los ahorros son succionados de las regiones más pobres hacia la más rica" (Griffin 1969: 64).

El caso del Perú, sin embargo, ofrece solo una débil base a la teoría del colonialismo interno entre sectores. En primer lugar, el presupuesto ha favorecido en forma neta al sector tradicional. La transferencia presupuestal se compensa por efectos de precios negativos. Pero en 1970 la pérdida neta para el sector tradicional, proveniente de ambos tipos de transferencias, ha sido insignificante.[48] Si se define a los propietarios de las grandes haciendas como pertenecientes al sector moderno, la pérdida del sector tradicional se ve incrementada por el valor de la mayor parte del ingreso de propiedad del sector rural tradicional, que es, por tanto, "transferida" al sector

47. A menos que se utilice la definición marxista según la cual todo valor es producido por el trabajo, y, por tanto, cualquier ingreso de la propiedad constituye explotación.

48. La pérdida neta es igual a la transferencia presupuestal por persona, más el efecto precio de los sectores urbanos y rural tradicional, ponderados por la fuerza laboral de cada sector. Véase cuadro 8.

moderno. En 1970, aun con esta definición,[49] la pérdida fue inferior al 9%[50] del ingreso del sector tradicional, siendo la transferencia menor después de la reforma agraria. Si solo se observa el sector rural tradicional, la explotación es más significativa, pues la pérdida neta antes de la reforma agraria era del orden del 10 al 15%.[51] Esta carga es proporcionalmente más grande en el componente comercial del sector agrícola, que sufre la mayor parte de los efectos negativos de los impuestos, de los precios y de la transferencia de ingresos de propiedad. Por otro lado, parte de esta "explotación" ha sido una transferencia al sector urbano tradicional. Entre 1961 y 1970 disminuye gradualmente la pérdida total del sector rural tradicional, en primer lugar por una reducción en los ingresos de propiedad, resultante de las políticas salariales y de tipo de cambio, y, segundo, por una creciente transferencia presupuestal favorable, a la que siguió después la reforma agraria. Finalmente, el sector moderno se benefició poco

---

49. En un sentido estricto, estos ingresos constituyen una explotación sectorial (puede imputarse "explotación" hasta donde se ha usado el poder para la adquisición de propiedades o reducir salarios). Su transferencia al sector moderno es, por tanto, un fenómeno de mercado y no político. En la discusión precedente de la política, distributiva, la redistribución de la propiedad rural a los trabajadores ha sido tratada como una transferencia vertical y no horizontal.

50. La elevada cifra del 9% equivale a los beneficios agrícolas del sector rural tradicional en 1970, más el efecto-precio del sector tradicional, menos la transferencia presupuestal al sector tradicional como proporción del valor agregado del sector tradicional (véase cuadro 1). Todas las cifras son promedios ponderados del sector urbano tradicional y del sector rural tradicional. Una mejor medida excluiría: el ingreso de propiedad correspondiente a los medianos agricultores que viven en sus haciendas o, alternativamente, a esa parte del ingreso de propiedad reinvertida o consumida en la hacienda; y esa parte de los efectos-precio negativos que reducen el ingreso de propiedad en vez de los ingresos salariales o los de los pequeños agricultores.

51. Equivale al 11% si uno supone que la participación del sector moderno en el ingreso de propiedad del sector rural tradicional equivale al monto que será transferido por la reforma agraria y que la mitad del efecto-precio incide sobre los receptores de los beneficios y rentas de las haciendas del sector moderno y la otra mitad sobre el trabajador del sector rural tradicional.

de estas transferencias, que fueron equivalentes a menos del 6% del valor agregado de este sector.[52]

Tampoco puede señalarse —como una forma de subsidio al sector moderno— la disponibilidad de trabajo barato, ya que los salarios del sector moderno son mucho más altos que los del sector tradicional.[53]

En conclusión, durante la última década la "explotación" parece explicar en el Perú una pequeña parte de la desigualdad de ingresos. La versión marxista —o de clase— de la hipótesis de dominación es la menos sostenible, ya que los datos señalan un fenómeno inverso: la redistribución vertical en favor del trabajo, tanto en el sector moderno como en el tradicional. Hay evidencia de cierta explotación sectorial del conjunto del sector rural tradicional por el sector urbano;, pero el "colonialismo interno" explica solo una pequeña parte de las disparidades sectoriales en los niveles o tendencias del ingreso. La eliminación de estas transferencias negativas del sector rural tradicional a otros sectores sería significativa si se compara con el monto de la mayoría de las medidas redistributivas, pero no si se compara con las desigualdades existentes. La teoría de la dominación también exagera las disparidades en las tendencias de los ingresos, mientras que subestima el rol de las filtraciones y otras fuerzas del mercado que benefician a los pobres. La explotación es menos importante que la naturaleza de la tecnología y que los mecanismos de mercado como causa del desigual patrón de

---

52. Igual a un estimado alto de la pérdida por trabajador de sector tradicional, 59, dividida por la proporción de trabajadores del sector moderno con respecto a los del sector tradicional (21,6 + 78,4), como una proporción de valor agregado del sector moderno (3590) = 59 x 78,4 + 21,6 + 3590 = 5,9%.

53. Oliveira amplía el concepto marxista de explotación arguyendo que el sector moderno extrae un excedente del sector urbano tradicional (1973: 434). Sin embargo, no sostiene que la transferencia resulta de alguna forma de intervención gubernamental. Su argumento se basa, posiblemente, en la noción de que, en el mercado de servicios del sector urbano tradicional, la mayor parte de las ganancias del intercambio corresponden a sector moderno, lo que es plausible dada la mayor elasticidad-precio de la oferta en relación con la de la demanda por tales servicios. También, algunas políticas de precios, principalmente tarifas y subsidios al capital, favorecen a las fábricas del sector moderno más que a los artesanos del sector urbano tradicional.

crecimiento. El problema distributivo es más la ausencia que la existencia de mecanismos de transferencia de ingresos. La mayor parte del ingreso se origina ahora en el sector moderno, y ahí se queda.

El enfoque del empleo

El enfoque del empleo propone mejorar la distribución del ingreso redistribuyendo los recursos no laborales sobre la fuerza de trabajo. Si los salarios están ligados a la productividad promedio, entonces los ingresos pueden ser igualados reduciendo las diferencias de productividad. En los términos de la figura 1 (p. 61), esto significa enderezar la curva del valor agregado PP'. La pobreza se diagnostica, por tanto, como un problema de "empleo" y a los trabajadores de baja productividad se les define como "desempleados"; el empleo y el desempleo se discuten de manera equivalente a la distinción entre sectores moderno y tradicional. En el sector tradicional, el desempleo abierto es considerado como solo la parte visible de una isla, formado por una masa de subempleados de baja productividad y de bajos ingresos.

Las políticas de empleo pueden estar dirigidas a ensanchar el sector moderno o a elevar el valor agregado del sector tradicional. Estas alternativas tienen diferentes implicancias distributivas: la expansión del empleo en el sector moderno otorga cada año un buen incremento salarial a los pocos trabajadores que anualmente incorpora, mientras que la mayoría espera su eventual inclusión en dicho sector o que el empleo en este, a través de un efecto de oferta, sea lo suficientemente grande como para presionar el alza de salarios en el sector tradicional. Para la mayoría de los pobres esta estrategia significa claramente una postergación de la mejora de sus ingresos. Además, las familias rurales más apartadas, analfabetas, que no hablan castellano y conforman el cuartil más pobre de la población, aparentemente serían las últimas en beneficiarse. El segundo enfoque —la creación de empleos rurales— hará lo inverso: un grupo más grande y más pobre recibirá un menor incremento salarial per cápita.[54]

54. Frank (1970) define explícitamente el subempleo en relación con los niveles de productividad.

La política de empleo no es un buen sustituto para combatir la pobreza. Tiene la ventaja política de simplificarla y dramatizarla: los pobres siempre han existido, pero, de repente, nos encontramos ante un "desempleo" masivo. Las tediosas recomendaciones de los economistas, sean desarrollistas o redistribucionistas, se animan a hacer una alusión a las implicancias políticas del desempleo. Sin embargo, la simplificación tiene un doble filo, pues casi cualquier medida o proyecto puede aparecer como creador de empleo. En la práctica, la meta del empleo orienta fácilmente la acción política hacia la promoción de las actividades urbanas y del sector moderno.

Una razón para esta orientación es que el desempleo declarado —que es la forma más aguda del problema del empleo— es principalmente urbano. Por consiguiente, el énfasis se pone en dar trabajo a los desempleados urbanos en la construcción o la industrialización, proporcionando así a una minoría más ingresos de nivel urbano, aumentando la infraestructura urbana en vez de la rural. Las políticas se orientan también hacia la ampliación del sector moderno, puesto que el crecimiento y la redistribución parecen coincidir con las medidas que expanden el empleo en el sector moderno, principalmente a través de la corrección de las distorsiones de los factores de precios.

Más aún, el simple cálculo de "empleos" y "subempleos" es una burda y errónea manera de enfocar la elevación de los ingresos del sector tradicional. Primero, mucho de lo que debe hacerse implica pequeños cambios en la productividad o en el ingreso, dentro de la categoría del subempleo. Segundo, la preocupación por el empleo —y no por el ingreso— dentro del sector rural conduce a parcializarse por las técnicas de trabajo intensivo, cuando si el problema se enfoca desde una perspectiva más amplia, es obvio que requerido en el sector como conjunto es un incremento en capital por trabajador. Tercero, en las discusiones del empleo debería distinguirse en forma más concisa los problemas que implica la elevación de los ingresos presentes, de un lado, y futuros, de otro. El gasto público en construcciones con trabajo intensivo de infraestructura rural ataca simultáneamente ambos problemas. Pero no hay necesidad de limitar las políticas de ingresos rurales a esta solución simultánea. Algunas veces puede resultar administrativamente más fácil, o más económico, subsidiar los actuales ingresos con transferencias directas y utilizar más bien la tecnología intensiva en capital para construir la infraestructura rural. Finalmente, el monto deseable de transferencia de ingresos corrientes del sector moderno al tradicional no tiene necesariamente relación con cualquier estimado del "excedente de trabajo" en el sector tradicional.

Conclusiones

En una economía dual la igualación no irá muy lejos sin grandes transferencias horizontales. En el Perú, la política distributiva ha estado orientada hacia la redistribución vertical. Durante la última década, la mayor parte de la política social ha redistribuido ingresos dentro de los sectores productivos más ricos, dejando de lado los grupos más pobres. En una economía dual, para redistribuir ingresos es necesario no solo destruir los sistemas de explotación, sino crear sistemas para extraer ingresos del sector más rico y canalizarlos hacia los muy pobres. Sin embargo, entre 1961 y 1970, las transferencias horizontales han sido insignificantes e inclusive hasta negativas para el sector tradicional.[55]

Más aún, se han seguido políticas industriales, de precios y otras, que tienden a reforzar la desigualdad del ingreso al incrementar la estructura dual de la economía. El hecho de que el Perú haya avanzado mucho en cuanto a redistribución vertical es probable que políticamente haga más difícil el desarrollo de transferencias horizontales, porque la mayor parte de estas deberían salir ahora de los salarios del sector moderno antes que del ingreso de propiedad.

Muchos empiezan a percibir el limitado impacto de las medidas distributivas pasadas y recientes. Esa percepción se da mayormente en la forma de una preocupación reciente por el "problema del empleo". Al reducir el dualismo, las políticas de empleo pueden tener un impacto sobre las desigualdades del ingreso; pero, por dos

---

55. Véase cuadro 8. La transferencia presupuestal neta más el efecto de precio en el sector tradicional (el promedio ponderado del sector urbano tradicional y del sector rural tradicional fue de +800 en 1961 y de -300 en 1970).

razones, la igualación mediante un cambio en la estructura del empleo no constituye una alternativa para una sustancial redistribución corriente. Primero, para llegar rápidamente a los pobres —antes que fomentar un crecimiento que absorba trabajo en el sector moderno— hay que poner el énfasis en la elevación de la productividad del sector tradicional. De otra manera, los últimos en beneficiarse serán probablemente los más pobres. Pero un cambio rápido en el sector tradicional requiere grandes transferencias de recursos corrientes o de capital provenientes del sector moderno. A corto plazo, sin ayuda, el solo esfuerzo propio del sector tradicional hará poco. Por consiguiente, una redistribución sustancial de los recursos corrientes es una precondición para el crecimiento de la productividad en el sector tradicional. Segundo, en el mejor de los casos el dualismo se reducirá lentamente. Aparte del peso del capital existente, habrá que marchar en sentido contrario a la corriente de capital intensivo de los cambios tecnológicos.

Si en el contexto del dualismo ha de ocurrir una redistribución sustancial, el sistema político debe desarrollarse de tal manera que pueda sobrepasar las diversas fuerzas que en los sectores productivos más ricos tienden a retener el ingreso. Sería necesario tanto un cambio político como un nuevo enfoque de planificación distributiva, que ponga énfasis en las transferencias horizontales (es decir, políticas fiscales y de precios, incluyendo el racionamiento), y que esté diseñada en función de los muy pobres. La planificación económica debería empezar con metas de crecimiento del ingreso para grupos específicos y derivar de esas metas las implicancias para la asignación de recursos, precios y transferencias. Tal planificación reduciría el esfuerzo que ahora existe entre las estructuras de producción, distribución y los patrones de consumo de los ricos, y reduciría también las filtraciones que resultan de las presiones políticas y las mentalidades burocráticas. Finalmente, una redistribución sustancial parece requerir cambios en las actitudes. La eliminación de la pobreza debe tener precedencia sobre una preocupación por la equidad en sí, y las necesidades de los muy pobres deben adquirir la categoría de derechos y no de llamados a la compasión.

2

Redistribución del ingreso y de la propiedad en el Perú, 1968-1973

ADOLFO FIGUEROA

INTRODUCCIÓN

La desigualdad en la distribución de ingresos en el Perú y el nivel de pobreza absoluta de la mayoría de la población asociado a esa desigualdad constituye uno de los principales desafíos para el científico social interesado en la realidad peruana. Este desafío se refiere tanto a dar cuenta de las causas de la pobreza, de su coexistencia con la riqueza de una minoría y de las formas en que se reproduce, como a plantear las formas de sobrepasarla.

De otro lado, la experiencia política del Perú de hoy está caracterizada por la presencia en el poder del gobierno de las Fuerzas Armadas, desde octubre de 1968, que está llevando a cabo una serie de reformas dirigidas a "modificar de manera profunda las estructuras tradicionales de la sociedad peruana".[1] A este proceso se le denomina el "caso peruano", el "modelo peruano" o la "revolución peculiar". Una parte importante de estas reformas, como las reformas agraria,

1. Esta intención aparece en el Estatuto del Gobierno Revolucionario (Decreto Ley N.º 17063), que es el documento donde se fijan los lineamientos del "modelo peruano".

minera, industrial y pesquera, están orientadas a redistribuir el ingreso y reducir así las tremendas desigualdades existentes.

El presente estudio tiene el propósito de estimar estadísticamente los alcances de estas reformas en cuanto a la magnitud del ingreso nacional que se redistribuye y al recorrido de estas transferencias dentro de la pirámide social de ingresos del Perú. El objetivo más general de este ensayo es reflexionar sobre algunos problemas teóricos y prácticos que surgen a raíz de la aplicación de estrategias redistributivas. En particular se examina el problema de la redistribución de la propiedad de los recursos en países subdesarrollados como forma de redistribuir ingresos manteniendo, al mismo tiempo, una economía de mercado. Todo ello es analizado a la luz de la actual experiencia peruana.

La pirámide de ingresos en el Perú anterior a 1968

Resulta afortunado para los investigadores de la economía peruana contar con un estudio reciente sobre la distribución del ingreso personal hecho por Richard Webb (1972c).[2] Dicho trabajo —por su detalle estadístico— constituye una contribución muy valiosa para el mejor conocimiento de la estructura económica del Perú. El año de referencia de ese estudio es 1961 y la unidad de análisis es la persona económicamente activa (PEA).

En esta sección se presentan algunos resultados del ensayo que juzgamos esenciales para cumplir los propósitos del presente análisis.

a) La desigualdad es más pronunciada que en muchos países subdesarrollados: el 50% del ingreso nacional va al 10% más rico de la población; el decil más pobre recibe el 1% del ingreso, mientras que el 1% más rico recibe el 31% del ingreso nacional. El rango de ingresos resultante puede resumirse así: la persona que se encuentra en el decil más rico recibe casi 50 veces más ingreso que la del decil más pobre.

---

2. Este estudio se caracteriza por presentar detalladamente la metodología seguida y las distintas fuentes utilizadas, de manera que la calidad de las estimaciones y naturaleza de los supuestos están explícitamente reveladas.

b) De los dos componentes del ingreso nacional —ingreso por trabajo y por propiedad—, el último muestra —como era de esperarse— una mayor concentración: el 1% más rico recibe el 83% del ingreso de propiedad y el decil más rico el 90%; mientras que, del total de ingresos por trabajo, el 10% va al 1% más rico y el 30% va al decil más rico. Es decir, el 1% más rico del país recibe por concepto de propiedad el 23% del ingreso nacional y por concepto de retribución al trabajo el 8% del ingreso nacional (véase cuadro 1).

c) La desigualdad global no puede atribuirse enteramente a la alta concentración del ingreso de propiedad. Tomando en cuenta solo el ingreso por trabajo la distancia entre los deciles extremos es todavía de 32 veces.

d) Para retomar el discurso de la ciencia social necesitamos transformar en cuentas sociales las cuentas monetarias presentadas hasta ahora; es decir, responder a la pregunta ¿quiénes conforman los distintos estratos de la pirámide de ingresos? Los seis grupos en que Webb divide la sociedad peruana no corresponden exactamente a sendas clases sociales, pero sí son una buena aproximación a ellas. Los grupos "agricultores independientes de la costa y selva" (con propiedades menores a 50 hectáreas) y "empleados" son los grupos definidos con mayor nitidez. El grupo "obreros", aunque excluye a los obreros agrícolas de la sierra, cubre el 80% del total de estos, estimados en el censo de 1961. El grupo de "agricultores independientes de la sierra" (con propiedades menores a 50 hectáreas) incluye también a los obreros agrícolas de dicha región, y constituyen el 30% de este grupo. La clase capitalista (que incluye a los latifundistas) corresponde al 1% de la población, y la conforman la "oligarquía" (100-200 familias) y los empleados y profesionales de alto nivel. El último grupo que utiliza Webb, "independientes urbanos", es el más heterogéneo, pues constituye una mezcla de varias relaciones sociales: desde profesionales hasta empleados domésticos, pasando por vendedores ambulantes.

e) En las relaciones estrictamente capitalistas, la clase capitalista se ubica en la cúspide de la pirámide de ingresos. Pero la clase asalariada es tremendamente heterogénea en cuanto a ingresos: los obreros están más representados en los dos cuartiles medios, mientras que los empleados están mayormente ubicados en el cuartil más rico, siendo el ingreso promedio de los empleados tres veces mayor que el ingreso promedio de los obreros.

f) Los agricultores independientes también muestran grandes diferencias: los de la sierra se encuentran preferentemente dentro del 50% más pobre del país y los de la costa y selva en el 50% más rico. La diferencia en el ingreso promedio de estos dos grupos es de casi tres veces. Este resultado, junto con el obtenido en el inciso anterior, lleva a Webb a afirmar: "Las clases sociales como el asalariado urbano, o el agricultor de la sierra, resultan ser extremadamente heterogéneas en lo que a ingresos se refiere" (Webb 1972c: 5).

g) La otra clasificación que usa Webb, y que es central en su argumentación sobre las causas de la desigualdad en la distribución del ingreso, se refiere al carácter "moderno" o "tradicional" de la actividad económica. El "sector moderno" lo define así: "Todo el Gobierno, empresas urbanas con más de cinco trabajadores, las haciendas azucareras, la minería, la pesquería y los profesionales independientes". La fuerza laboral involucrada en este sector, que viene a ser preferentemente el sector capitalista moderno, es del orden del 20% de la PEA nacional; el promedio de ingreso es casi tres veces el promedio nacional y el 70% de ellos se ubica en el cuartil más rico del país.

h) Teniendo en cuenta la ubicación de la mayoría de cada grupo social, es decir, su predominancia, la posición de estos en la pirámide de ingresos indicaría el siguiente orden: "agricultores de la sierra" (40% de la PEA nacional), en la base de la pirámide social, en el estrato siguiente los "obreros" (25% de la PEA), luego los "agricultores de la costa y selva" (7%), y, encima de ellos, los "empleados" (12% de la PEA). En la

Cuadro 1

Perú: distribución personal del ingreso nacional en 1961

Ingreso anual (miles de soles)	Fuerza laboral		Ingreso nacional (millones de soles)					
	(miles de personas)	Acumulado (%)	Trab.	Acumulado (%)	Prop.	Acumulado (%)	Total	Acumulado (%)
(1)	**(2)**	**(3)**	**(4)**	**(5)**	**(6)**	**(7)**	**(8)**	**(9)**
-2	400	13,2	619	1,7	24	0,2	643	1,3
2,1-3	289	22,7	722	3,8	29	0,4	751	2,8
3,5-7,5	888	51,9	4.541	16,5	215	1,9	4.756	12,5
7,6-15	728	75,9	7.775	38,4	467	5,3	8.242	29,2
15,1-30	520	93,1	11.029	69,4	693	10,4	11.722	53,0
30,1-70	179	99,0	7.328	90,0	834	16,5	8.162	69,5
70,1 y más	30	100,0	3.539	100,0	11.472	100,0	15.011	100,0
Total	3034		35.553		13.734		49.287	

Fuente: Webb 1972c, cuadro 3.

cúspide se ubica la clase "capitalista" (1% de la PEA). Las características de los campesinos de la sierra, que componen el 25% más pobre (cuartil más pobre) del país, son: la mayoría de ellos habla quechua o aimara, son analfabetos y el 63% vive en la región de la sierra sur, mayormente indígena; cada familia, en promedio, se sostiene con 0,9 hectáreas de tierra, tres cabezas de ganado vacuno y algún otro tipo de ganado.

La estrategia redistributiva del gobierno militar

El Gobierno Revolucionario de la Fuerza Armada expresa su visión de la estructura socioeconómica del Perú en los siguientes términos: "La sociedad peruana es subdesarrollada y dependiente dentro del sistema capitalista" y "el objetivo de la Revolución es liquidar el subdesarrollo y la dependencia". Esta característica de la sociedad peruana deriva en los siguientes problemas, que el Gobierno se propone resolver:

a) Existencia de una rígida estructura social caracterizada por agudos contrastes en la distribución de la riqueza y en las posibilidades de acceso a los bienes y servicios que la sociedad como un todo produce. Las grandes distancias sociales, generadas en última instancia por esta apropiación diferencial de la producción social, hacen imposible la creación de una imagen nacional verdaderamente unitaria.
b) Desarticulación de un aparato económico cuya capacidad productiva es incipiente y cuyos efectos de propagación son casi nulos. La desarticulación del aparato económico tiende a reforzar una correspondiente desarticulación regional, y ambas dificultan grandemente una efectiva integración del país y su economía.
c) Subordinación de la economía peruana a centros de decisión en los cuales se originan acciones que afectan fundamentalmente la vida económica del país e impiden un proceso autónomo de desarrollo orientado al logro de objetivos nacionales. Estos problemas esenciales constituyen causa y efecto de una organización total de la sociedad en beneficio final

> de quienes integran los sectores privilegiados, en cuyas manos se encuentran el poder y los medios de la producción de la sociedad (Instituto Nacional de Planificación 1971: 12).

Es, pues, esta concepción la que orienta las estrategias y las medidas del gobierno militar. El punto 1 indica, claramente, que uno de los objetivos del Gobierno es llevar a cabo una acción redistribucionista, pues el "subdesarrollo es el reflejo de una desigual distribución de la riqueza".[3] Todavía más elocuentes son las siguientes palabras del presidente Velasco pronunciadas el 28 de julio de 1972: "Esta no sería revolución alguna si al cabo de los años la pobreza siguiera siendo el único patrimonio de la inmensa mayoría de peruanos y la riqueza fuese como hasta hoy privilegio y herencia de los pocos".

Para los que están en la base de la pirámide de ingresos esta concepción es claramente beneficiosa. Para ellos es más conveniente que se redistribuya el ingreso que esperar a que su ingreso aumente a través del crecimiento económico. La base empírica de esta afirmación emana del estudio de Webb:

> Una transferencia selectiva del 5% del ingreso nacional, que tome del 1% más rico y se lo entregue al cuartil más pobre, reduciría los ingresos absolutos del grupo más rico en solo 16% y doblaría los ingresos para un tercio de la población. Si la alternativa a redistribuir es el crecimiento, un esfuerzo altamente exitoso de desarrollo que consista de un crecimiento sostenido del 3% anual del ingreso real en todos los niveles requeriría casi veinte años para lograr el mismo aumento para el tercio más pobre de la población y mucho más si uno descuenta por la espera incurrida. (Webb 1972c: 19)

Esto indica que la común oposición a la redistribución en un país pobre —porque solo significa "redistribuir pobreza"— ignora la estructura económica del país, o defiende su posición en la actual pirámide de ingresos, o postula que la redistribución tiene efectos

---

3. Discurso del presidente Velasco en la clausura de la CADE 70, 15 de noviembre de 1970.

adversos sobre el crecimiento. La opción más ventajosa, sin embargo, es redistribuir con crecimiento.

Pero, hay que enfatizarlo, la estrategia redistributiva del Gobierno no solo incluye la redistribución de los flujos ("posibilidades de acceso a los bienes y servicios que la sociedad como un todo produce"), sino que, fundamentalmente, busca una redistribución de la propiedad de los recursos ("[...] sectores privilegiados, en cuyas manos se encuentra el poder y los medios de producción de la sociedad") y, con ello, una redistribución del poder. En relación con el Plan, la estrategia es, pues, clara y —yo añadiría— en la dirección correcta. Corresponde, ahora, examinar su implementación.

Hasta el presente, el gobierno militar ha promulgado las siguientes leyes que buscan redistribuir ingresos, propiedad y poder:

- Ley de Reforma Agraria (N.º 17716, junio de 1969)
- Ley General de Industrias (N.º 18350, julio de 1970)
- Ley General de Pesquería (N.º 18810, marzo de 1971)
- Ley General de Minería (N.º 18880, junio de 1971)
- Ley General de Telecomunicaciones (N.º 19020, noviembre de 1971)
- Ley General de Educación (N.º 19326, marzo de 1972).

La Ley de Reforma Agraria postula la transformación de la estructura agraria mediante la creación de un ordenamiento agrario que, sustituyendo los regímenes de latifundio y minifundio, garantice la justicia social —en el campo, *elevando* y *asegurando los ingresos de los campesinos*—. En armonía con esta finalidad, la ley se propone, entre otras cosas, eliminar las formas indirectas de explotación a fin de que la tierra sea de quien la trabaja, promover el desarrollo agropecuario para aumentar la productividad y lograr una justa distribución de la renta en el sector agropecuario (artículos 1 y 3).

Las tierras expropiadas por la reforma agraria incluyen a todas aquellas conducidas indirectamente (por no propietarios) y parte de las tierras trabajadas directamente por sus propietarios. Estas se adjudicarán

> [...] en propiedad por la Dirección General de Reforma Agraria y Asentamiento Rural en favor de campesinos sin tierras o que la posean en cantidad insuficiente. En cumplimiento de lo dispuesto en el artículo 211º de la Constitución del Estado, gozarán de la misma preferencia las Comunidades Campesinas, así como las Cooperativas y las Sociedades Agrícolas de Interés Social, en su caso. (art. 67)

Estas adjudicaciones se efectuarán mediante contratos de compraventa, por un precio que en ningún caso será mayor que el valor de expropiación del predio, y pagadero en veinte años al Estado (art. 83). En este sentido, la reforma agraria peruana viene a ser una operación de compra-venta de tierras en forma masiva por parte del Estado, pues es el Estado quien asume el costo de la expropiación de tierras, y es al Estado a quien deben pagar los campesinos por la tierra que reciben.

La Ley de Industrias redistribuye ingresos al disponer que el 10% de la utilidad neta de la empresa se reparta entre todos sus trabajadores que laboren a tiempo completo (art. 21). Esta ley busca, además, modificar la propiedad de la empresa al disponer que el 15% de la renta neta de la empresa se reinvierta a nombre de la "Comunidad Industrial", hasta que esta logre una participación del 50% del capital social de la empresa (art. 24). La ley crea, pues, la Comunidad Industrial como persona jurídica que representa al "conjunto de trabajadores que a tiempo completo laboran [en la empresa] y cuyo objetivo es la administración de los bienes que adquiera de conformidad con este dispositivo legal, en beneficio de dicho conjunto" (art. 23). Así, pues, la Comunidad Industrial es un mecanismo para transferir el poder a la comunidad de trabajadores, al permitir que el trabajador, en cuanto también es propietario, participe al igual que el capitalista en las decisiones de la empresa, a través de su representación proporcional.[4]

---

4. La pregunta relevante es cuánto tiempo tomará a la comunidad industrial obtener el 50% del capital social de la empresa. En un estudio hecho por Pedro de las Casas et ál. (1970) se demuestra que el tiempo depende, fundamentalmente, de la rentabilidad de la empresa: a mayor renta la participación del 50% se logrará en menor tiempo. Los volúmenes de reinversión de la empresa no tienen mayor influencia en este plazo. En adición a este 15% de participación patrimonial y

Las leyes de minería y pesquería contienen el mismo esquema redistributivo de la Ley de Industrias. Existe, sin embargo, una diferencia cualitativa y otra cuantitativa con esta, derivada de las diferencias en la rentabilidad entre y dentro de los sectores. La diferencia cualitativa se refiere a la creación de las "comunidades de compensación", que constituyen un mecanismo para reducir las diferencias en ingresos provenientes de la renta neta que reciban los trabajadores debido a diferencias en la rentabilidad entre las empresas dentro de cada sector (minería, pesquería). La segunda diferencia se refiere a los porcentajes diferenciados que establece cada ley. Así, la transferencia de ingresos hacia los trabajadores es del 8% (4%) para la pesquería (minería), de los cuales 4% (0,8%) se otorgará a la "Comunidad Pesquera" y el otro 4% (3,2%) se transfiere a la "Comunidad de Compensación Pesquera". Estas Comunidades de Compensación recibirán los aportes de todas las empresas que tengan rentabilidad, consolidarán todos esos aportes y los distribuirán en forma proporcional al número de trabajadores y a los días laborados en cada empresa.[5]

La ley de Telecomunicaciones —que afecta a las empresas de radiodifusión sonora y televisada— se diferencia del sistema redistributivo de las leyes de minería y pesquería solo en los porcentajes de participación. Todas las disposiciones redistributivas de las reformas se resumen en el cuadro 2.

La Ley de Educación aparece —según se lee en sus considerandos— como "el sustento que requieren las transformaciones emprendidas por el Gobierno y busca que corregir el sistema anterior

---

10% de participación líquida, la ley establece una deducción del 2% de la renta neta para la investigación científica y tecnológica para la industria (art. 159).

5. En mayo de 1973, la industria pesquera (harina y aceite de pescado) fue estatizada. La razón que se expuso fue la crisis financiera de la industria. La ley crea la empresa pública Pesca-Perú, la cual asume el control de la industria. Las modificaciones que se introducen con respecto al esquema presentado arriba son: a) en Pesca-Perú se constituirá una comunidad pesquera; b) esta comunidad recibirá como participación patrimonial de Pesca-Perú valores de la Corporación financiera de Desarrollo en lugar de acciones de las empresas; y c) la comunidad participará en el directorio de la empresa con el 25% de los votos.

Cuadro 2
Perú: participación legal de las comunidades laborales en la renta neta de las empresas

	Participación en la renta neta líquida (en porcentajes)			
Comunidad laboral	Total	Patrimonial	Com. directa	Compensación
Comunidad industrial	25,0	15,0	10,0	-
Comunidad pesquera	20,0	12,0	4,0	4,0
Comunidad minera	10,0	6,0	0,8	3,2
Comunidad telecomunicaciones	25,0	15,0	5,0	5,0

Fuente: Elaboración del autor sobre la base de las leyes indicadas en el texto.

que desatendía a las grandes mayorías, frustrando así todo intento de democratizar la sociedad". En los "niveles de educación inicial" se proponen programas de atención al niño en edad preescolar; estos programas tendrían influencia, sobre todo, en las zonas pauperizadas y marginadas. La educación desescolarizada es igualmente un mecanismo para democratizar la educación, y como es también válida para seguir estudios profesionales, permite "extender la educación superior hacia vastos sectores de la población peruana sin acceso a ella". Aun cuando es difícil evaluar el contenido redistribucionista de esta ley, se puede concluir que esta reforma educativa, al tratar de mejorar y democratizar la educación, influye sobre otra de las fuentes de desigualdad y redistribuye, así, el ingreso futuro.

Estimaciones de la transferencia de ingresos

Todo parece, pues, indicar que estas reformas llevarán a conseguir el objetivo deseado. Veamos, sin, embargo, desde el punto de vista de la redistribución del ingreso solamente, qué es lo que se ha logrado.

La Ley de Reforma Agraria empieza a sectorizar la redistribución del ingreso. Asimismo, intenta redistribuir el ingreso agrícola —aproximadamente 18% del ingreso nacional— entre la población agrícola, que representa el 50% de la fuerza laboral. Es decir, el ingreso se transfiere del sector agrario al sector agrario. La Ley de Industrias igualmente transfiere ingresos del sector industrial al sector industrial. Lo propio se hace en los sectores minero y pesquero. Esta estrategia de redistribuir ingresos dentro de cada sector no crearía problemas si el ingreso promedio por trabajador entre sectores no fuera significativamente diferente. Pero, cuando ya existe una desigualdad en el ingreso promedio entre sectores (véase cuadro 3), el realizar esta forma de redistribución crea un sesgo *ab initio* en contra de los sectores de baja productividad.[6]

Las alternativas son, pues, claras: o se redistribuye entre sectores o se redistribuye dentro del sector y se aumenta, paralelamente, la productividad media del sector.

Hipoticemos, ahora, que todo el ingreso agrícola se redistribuya igualitariamente entre las personas que están en el sector rural, en concordancia con el postulado de la reforma agraria: "Lograr una justa distribución de la renta en el sector agropecuario".

La mitad de esta población conforma —según vimos en la sección anterior— el cuartil más pobre; luego ella recibiría el 9%, y esto significaría aumentar su ingreso absoluto en tres veces, dado que el cuartil pobre recibe 3% del ingreso nacional. Una cuarta parte de los trabajadores agrícolas se encuentra en el segundo cuartil; estos recibirían 4,5 % del ingreso nacional y el restante 4,5% se distribuiría entre los trabajadores agrarios del tercer y cuarto cuartiles.

Sin embargo, la reforma agraria no afecta todo el ingreso que se genera en la actividad agropecuaria ni todas las tierras. Las tierras conducidas directamente por sus propietarios, y en condiciones de trabajo satisfactorias, no son afectadas a menos que la extensión de la propiedad sobrepase ciertos límites. Estos límites de inafectabilidad varían entre regiones y de acuerdo con la situación de riego de las tierras, tal como se muestra en el cuadro 4.

6. El cuadro 3 muestra la estructura económica de 1966. Se hace uso de esta estructura en los análisis que siguen porque la información más completa anterior a los cambios que se iniciaron en 1968 corresponde a 1966.

Cuadro 3
Perú: ingreso nacional por trabajador, según sectores en 1966*

Sector	Ingreso nacional (miles de millones de soles)	%	Fuerza laboral (miles)	%	Ingreso nacional por trabajador (miles de soles)
Agricultura	20,1	17,8	1826	49,1	11,0
Pesca	2,4	2,1	20	0,5	120,0
Minería	8,1	7,2	83	2,2	97,6
Manufactura	16,9	15,0	5101	13,7	33,1
Construcción	5,4	4,8	141	3,8	38,3
Gobierno	12,7	11,3	240	6,4	53,0
Otros	47,2	41,8	900	24,2	52,4
Total	112,8	100,0	3720	100,0	30,3

* Incluye la artesanía. El empleo en las empresas modernas con más de cinco trabajadores es alrededor de 180.000 trabajadores.

Fuente: BCRP 1970.

Cuadro 4
Límites de inafectabilidad de la reforma agraria (hectáreas)

Región	Tierras de cultivo		Tierras de pastos naturales
	Bajo riego	De secano	
Costa	150 (200)	Inaplicable	1500 (6000)
Sierra y ceja de selva	15-55 (15-110)	30-110 (30-220)	* (4 veces)

* Superficie necesaria para soportar una carga de 5000 unidades de ovinos en la época de esquila o su equivalencia en otras especies.

Nota: Las cifras entre paréntesis indican las ampliaciones de las áreas inafectables si el propietario cumple con ciertas condiciones, como son: alta capitalización del predio, pagar buenos salarios y ser buen contribuyente.

Fuente: Elaboración del autor con base en los artículos 28, 29, 30 y 31 de la Ley de Reforma Agraria.

En efecto, el programa de reforma agraria considera que 9,7 millones de hectáreas serán adjudicadas a 342.000 familias. Este programa significa que la reforma agraria adjudicará cerca del 40% del total de tierras estimadas según el censo de 1972 (23 millones de hectáreas) y cerca del 50% según los datos de 1961 (17,7 millones de hectáreas), conforme se muestra en el cuadro 5.

En cuanto a ingresos, la reforma agraria afecta solo el ingreso que se genera en las tierras que adjudica. Pero no todo este ingreso afectado se transfiere a los beneficiarios de la reforma agraria. En rigor, la redistribución del ingreso que se genera a través de una redistribución de la propiedad toca solo al excedente económico del que antes se apropiaba el terrateniente: la renta de la tierra y la utilidad neta.

Existen dos estimaciones sobre la magnitud del ingreso de propiedad de los terratenientes. Utilizando la estadística agraria de 1967, Webb estimó que el ingreso de propiedad es el 24% del ingreso total agrícola (Webb 1972c, cuadro 6).[7] El otro estimado fue realizado por H. van de Wetering, para quien la renta y la utilidad bruta representan el 20% del ingreso total agrícola (Wetering 1970: 77). Luego, el ingreso de los terratenientes varía entre el 4,1 % y 3,6% del ingreso nacional, según el estimado que se utilice, dado que el ingreso total agrícola es el 18% del ingreso nacional.

El estudio de Van de Wetering muestra también cómo el pago anual, que deberán hacer los beneficiarios de la reforma agraria por el valor total de la tierra que reciben, representa el 6% del ingreso total agrícola. De esta manera se llega a un estimado del ingreso redistribuible: 18% a 14% si se afectaran todas las tierras; es decir, entre 3,2 y 2,5% del ingreso nacional. El hecho es, sin embargo, que solo el 40% del total de tierras serán adjudicadas, lo que reduce el monto efectivo de la transferencia a magnitudes que van entre el 1 y 2%

---

7. La estimación se basa en el valor agregado de unidades mayores a 50 hectáreas, y asume que el 50% de ese monto es ingreso de propiedad. Luego, este cálculo incluye intereses y depreciaciones (que forman parte del valor agregado) y excluye ingresos de propiedad en superficies menores de 50 hectáreas. Como estas cantidades tienden a compensarse, tomar el 24% como ingreso de los terratenientes parece apropiado.

Cuadro 5
Programa y logros de la reforma agraria

	Superficie agrícola (miles hectáreas)	Fuerza laboral (miles personas)
Censo 1961	17,722	1700
Censo 1972	23,000	2000
Volumen de reforma agraria:		
Afectaciones	11,864	-
Adjudicaciones	9678	684*
Avances al 31/12/1973		
Afectaciones	5677	354*
Adjudicaciones	4375	(177)

* Conversión del número de familias (entre paréntesis) a fuerza laboral a razón de dos trabajadores promedio por familia.
Fuente: Ministerio de Agricultura 1974: 183-184, BCRP 1974, DNEC 1965 y ONEC 1972.

del ingreso nacional.[8] Debe observarse que este resultado se refiere al programa de reforma agraria totalmente concluido; es decir, que esta transferencia se realizará entre 1969 y 1976, periodo programado para concluir las afectaciones y adjudicaciones.

En cuanto al número de trabajadores que la reforma agraria beneficiará, se requiere convertir las 342.000 familias beneficiarias a unidades de fuerza laboral. Aun suponiendo que existan dos trabajadores por familia, lo que resultaría en 680.000 campesinos beneficiarios, la reforma agraria beneficiaría a un tercio de la fuerza laboral agrícola,[9] casi 15% de los trabajadores del país.

---

8. El cálculo del ingreso a transferirse que hace Van de Wetering es de 3000 millones de soles. Esta cantidad representa el 2,6% del ingreso nacional de 1966. La diferencia se debe a que él incluye como ingreso que se transfiere los pagos incumplidos por leyes laborales, que constituían una fuente adicional de ingresos para el propietario antiguo, y que, en buena parte, el nuevo propietario también hará suyo (Wetering 1970: 68-79). En otra publicación, Van de Wetering (1972) llega a 1,7%. Existe otro estudio que estima, con cierto detalle, que la reforma agraria redistribuye 2% del ingreso nacional (Vera la Torre 1972).

9. Este resultado es mayor que el estimado en estudios anteriores, que se basaban en calcular la demanda de campesinos elegibles por su "unidad agraria familiar" y, de

Una transferencia del 1-2% del ingreso nacional a la base de la pirámide de ingresos todavía tendría un efecto importante. Pero, tal como se viene implementando la reforma agraria, ni siquiera este efecto es previsible, pues los beneficiarios no se encuentran concentrados en la base de la pirámide de ingresos. Las haciendas azucareras del norte del país —unidades del "sector moderno" y de exportación— pasan a propiedad de sus trabajadores, quienes se ubican en el cuartil más rico del país. Las otras haciendas de la costa se transfieren a sus respectivos trabajadores —básicamente en forma de cooperativas agrarias—, y estos tampoco se encuentran en la base de la pirámide de ingresos como se mencionó anteriormente. Para la "mancha india" y la población campesina de subsistencia queda la hacienda serrana de baja productividad, que no alterará significativamente su situación socioeconómica actual. Es decir, la reforma agraria no solo redistribuye ingresos dentro del sector agrario, sino que dentro del mismo sector agrario redistribuye dentro de cada subsector. Para más de la mitad de la población rural, beneficiaria de la reforma agraria, el proceso redistributivo es doblemente sesgado en su contra: se le hace partícipe de la redistribución en el sector de más baja productividad y, dentro de este sector, del subsector más atrasado.[10] La reforma agraria, en este caso, necesita estar acompañada de medidas complementarias (política de precios, ayuda técnica y crediticia, inversiones en el campo, etc.) para que pueda tener efectos redistributivos importantes.

En resumen, la reforma agraria transfiere entre el 1 y 2% del ingreso nacional al 15% de la fuerza laboral nacional. La mayor parte de esta transferencia se queda en el cuartil más rico. Dos casos de

---

otro lado, la cantidad posible de "unidades" que podrían crearse con el *stock* de tierras afectadas. Según estimados que aparecen en *Aspectos sociales y financieros de un programa de reforma agraria* (Ministerio de Agricultura 1970: 13-14): "[...] menos de uno de cada cinco candidatos podría recibir su unidad familiar. En la Costa [...] se crearía 79.916 unidades familiares agrícolas o ganaderas viables, relativas a los 153.935 candidatos elegibles para estas unidades familiares. En la Sierra [...] uno de cada diez candidatos elegibles podría recibir su unidad familiar [...]".

10. Para estimaciones de diferenciales en productividades por cultivo y regiones véase Grillo 1970.

transferencia estudiados permiten apoyar la conclusión de que los beneficiarios de la reforma agraria obtienen distintas proporciones de la transferencia, la cual es siempre menor para los grupos más pobres.

En un estudio realizado sobre 8 (de las 12) cooperativas azucareras, que producen el 94% de azúcar del país, se muestra los cambios en la distribución del ingreso que generó la reforma agraria. Entre 1968 y 1972, el empleo de socios (obreros y empleados) disminuyó, habiendo aumentado el número de trabajadores eventuales. En 1968, el 35% del ingreso de las haciendas azucareras pasaba a poder de los propietarios (este es el ingreso que la reforma agraria transfería a los trabajadores), y, al mismo tiempo, la desigualdad entre los grupos de trabajadores se pronunciaba. En 1972, se ve que los tres grupos han ganado, pero en distinta proporción. Del aumento de cerca de 60% en el ingreso real, que se compone de pura redistribución y de crecimiento económico, los obreros son los que han ganado más con la redistribución, los empleados en menor proporción y los eventuales, el grupo más pobre, es el que menos se ha beneficiado. La distancia entre el ingreso promedio del eventual y el socio (obrero y empleado) se ha incrementado, aunque la distancia entre obreros y empleados se haya reducido (véase cuadro 6).

La Sociedad Agrícola de Interés Social (SAIS) es una organización que crea la reforma agraria, constituida por una o varias exhaciendas, junto con varias comunidades campesinas circundantes. Los socios de la SAIS son los trabajadores de las exhaciendas (que cuentan por un socio) y las comunidades, donde cada comunidad es un socio. El nexo que establece la ley entre las exhaciendas y las comunidades es la participación de estas en el excedente económico que generen las primeras, sin que exista una participación respectiva en las tareas de producción. La transferencia de ingresos de las exhaciendas hacia las comunidades se realiza en forma de gastos en proyectos de desarrollo (construcciones, caminos, canales de irrigación, etc.) y no como transferencia personal. Para quienes implementan la reforma agraria la

> [...] SAIS es una modalidad autogestionaria de empresa que compensa los desniveles socioeconómicos de un área, distribuyendo los beneficios de la empresa colectiva de acuerdo con las necesidades de desarrollo de

Cuadro 6

Cambios en la distribución de ingresos en las cooperativas azucareras, 1958-1972*

	1968				1972					
	Trabajadores		Ingreso	Ingreso promedio	Trabajadores		Ingreso	Ingreso promedio	Aumento ingreso promedio	
	N.°	%	%	(S/ mes)	N.°	%	%	N.°	Monetario (%)	Real (%)
Obreros	19.883	77,4	47,4	3284	18.239	70,1	73	7697	1,34	78
Empleados	2842	11,1	14,5	7054	3932	15,1	23,1	11.789	67	27
Eventuales	2949	11,5	2,6	1226	3848	14,8	3,9	1930	57	20
Total	25.674	100	64,5	3,65	26.019	100	100	7383	1,13	62

* Incluye: Tumán, Pomalca, Cartavio, Paramonga, Laredo, Cayaltí, Pucalá y Casagrande.
Fuente: Roca 1973: cuadros 16, 17 y 24.

cada uno de los grupos campesinos que son sus copropietarios [...] [La SAIS] es una solución peruana a problemas típicos del agro del Perú.

Algunos datos publicados pueden indicamos ya la magnitud de la redistribución. Para la SAIS Túpac Amaru, en 1973 el excedente a distribuirse entre los socios fue de 3,3 millones de soles, y dado que el número de familias de las comunidades socias era de 3360, la transferencia significa 1000 soles al año en promedio por familia (SAIS Túpac Amaru 1974: 23). En la SAIS Cahuide, otra de las SAIS más conocidas y estudiadas, esta transferencia fue de 6 millones de soles a 4350 familias, lo que da 1400 soles para el año 1974. Si se tiene en cuenta que los salarios anuales dentro de las exhaciendas varían entre 50.000 y 24.000, se puede inferir que las distancias todavía son abismales dentro de cada SAIS.[11]

Al igual que en el caso de la reforma agraria, habría ahora que tratar de cuantificar el impacto redistributivo de la Ley General de Industrias. La ley afecta al sector manufacturero (empresas industriales con más de seis trabajadores) que genera aproximadamente el 15% del ingreso nacional y ocupa al 5% de la fuerza laboral. De este 15%, la ley se centra en las utilidades netas de estas empresas, que pueden estimarse en 3% del ingreso generado en el sector industrial.[12]

Es decir, la ley afecta al 4,5% del ingreso nacional y transfiere el 10% de este monto —1/2% del ingreso nacional— en forma de ingresos líquidos y el 15% en forma de propiedad que se acumula a nombre de la comunidad de trabajadores. En conjunto, la ley redistribuye un cuarto del total de ingresos de las capitalistas del sector industrial (que representa el 1% del ingreso nacional) al 5% de la fuerza laboral. Pero ¿dónde, en la pirámide de ingresos, se encuentran estos trabajadores? Como vimos anteriormente

---

11. SAIS Cahuide: *Proyecto de presupuesto,* 1974-1975, Huancayo, marzo de 1974. Citado en Mc Olintock 1974.

12. Las cuentas nacionales dan un estimado del 15% del ingreso nacional como utilidades (BCR 1970: 14). En otra publicación (Instituto Nacional de Planificación 1968), se presentan las utilidades brutas por sectores. Para la industria, el promedio ponderado es de aproximadamente 50%; si descontamos por intereses y depreciaciones, esta cantidad debe llegar a cerca del 30%.

(supra, primera sección), ellos se encuentran en el cuartil más rico. Es decir, la Ley de Industrias toma ingresos del cuartil más alto y los transfiere al mismo cuartil.

Aun si miramos la transferencia de ingresos dentro del cuartil, se observa (véase cuadro 7) que hay grandes diferencias de ingreso entre los tres tipos de trabajadores —y todos ellos conforman la "Comunidad Industrial"—. La forma como la ley establece la distribución a los trabajadores del 10% de la renta neta es así: el 5% se redistribuye a prorrata y el otro 5% en forma directamente proporcional a las remuneraciones personales (art. 21). Para 1971 hay estimados de que la participación del 10% de la renta neta significó un aumento en el ingreso promedio anual de 2611 soles (Lanao 1973: 90) por cada trabajador; es decir, un aumento del 4%. En 1972 esta transferencia fue de 4712 soles, lo que elevó a cerca del 7% este porcentaje (Ministerio de Industrias y Turismo 1974, cuadro 6). Sin embargo, cumpliendo con las disposiciones de la ley, estos aumentos no fueron iguales para todos los trabajadores de la empresa. Por eso, los comuneros industriales, reunidos en el Primer Congreso Nacional de Comunidades Industriales de 1973, pidieron: primero, que la redistribución del 10% de la renta neta sea igualitaria, pues el sistema que establece la ley "ahonda las graves desigualdades económicas existentes en el seno de la empresa"; segundo, "que los accionistas individuales no sean considerados miembros de la Comunidad Industrial, así trabajen en la empresa a tiempo completo", pues ellos defienden otros intereses, tienen posición de empresarios, se otorgan sueldos elevados y todavía participan del 25% de la transferencia; y tercero, que exista un máximo de diferencia de diez veces entre los sueldos más altos y las remuneraciones mínimas que paga la empresa. El exceso no se consideraría como gasto —de la empresa (Primer Congreso de Comunidades Industriales 1973).[13]

En cuanto a la participación de la Comunidad Industrial en el capital social de las empresas, hasta 1973 los datos oficiales indican lo siguiente: "El promedio nacional es de 8%, pero hay casos

---

13. Los tres pedidos mencionados corresponden a los puntos 3.15, 1.10 y 3.8 de las conclusiones, respectivamente.

Cuadro 7
Sueldos promedios en el sector industrial en 1971

	Remuneración anual (miles de soles)	US$
Obreros	40	1000
Empleados	80	2000
Ejecutivos	290	7250
Promedio general	60	2500

Fuente: Lanao 1973: 90. El tipo de cambio utilizado es de 40 soles por dólar.

excepcionales donde ya se ha alcanzado el 25% y otros donde el porcentaje es insignificante. A este ritmo, la meta del 50% se alcanzaría en unos 20 años en promedio".[14]

Las leyes de pesquería y minería afectan el 2 y el 8%, respectivamente, del ingreso nacional (véase cuadro 3). Si suponemos —a falta de estadísticas disponibles— que la renta neta es el 50% de estos porcentajes, la Ley de Pesquería transfiere el 20% del 1% del ingreso nacional y la Ley de Minería transfiere el 10% del 4% del ingreso nacional. Luego, ambas leyes transfieren menos del 1% del ingreso nacional a aproximadamente 3% de la fuerza laboral nacional, la cual se encuentra —según vimos en la sección 2— en el cuartil más rico. El impacto redistributivo de la Ley de Telecomunicaciones es insignificante, dada la fuerza laboral e ingreso que generan las empresas afectadas, modernas y urbanas.

Con estos antecedentes puede resumirse el alcance redistributivo de las reformas sectoriales realizadas por el gobierno militar. En conjunto, los sectores afectados (agricultura, industria, minería, pesquería y telecomunicaciones) generan el 45% del ingreso nacional y el 50% del ingreso de propiedad. Estos sectores emplean el 58% de la fuerza laboral. La transferencia de ingresos que resulta de las reformas es del orden del 3 o 4% del ingreso nacional, si consideramos el ingreso líquido y patrimonial. Este porcentaje se reduce a 2 o 3%

14. Discurso del ministro de Industria, 10 de abril de 1974.

si consideramos solo la transferencia en forma líquida. Los beneficiarios de esta redistribución constituyen cerca del 23% de la fuerza laboral; la mayor parte de esta transferencia se da al 18% de la fuerza laboral, que se encuentra en el cuartil más rico del país.

Causas del alcance limitado de las transferencias

Las reformas que se han examinado en este trabajo se dirigen a transferir el ingreso de propiedad a los trabajadores. El total de ingresos de propiedad (renta predial, renta de la tierra, utilidades de empresas e intereses) constituye cerca del 25% del ingreso nacional del Perú (Banco Central de Reserva 1970, cuadro 3). Las reformas se basan en el concepto de utilidad empresarial y renta de la tierra; ambos como ponentes aparecen bajo el concepto de "utilidades de empresas" en las Cuentas Nacionales y representan alrededor del 20% del ingreso nacional. Los estimados hechos en el presente estudio indican que, en los sectores bajo reforma, este porcentaje se reduce al 13% del ingreso nacional. Es decir, potencialmente las reformas podrían redistribuir el 13% del ingreso nacional. Pero el hecho de que la reforma agraria haga exclusión de más de la mitad de tierras, que los campesinos beneficiarios tengan que pagar el precio de la tierra que reciben y que los porcentajes de transferencia a las comunidades laborales sean solo de entre 10 y 25% de la utilidad empresarial, reduce tremendamente la transferencia a 3,4% del ingreso nacional.

El otro resultado de este estudio, que la trayectoria de la transferencia no llega a los más pobres, se explica porque las reformas sectoriales son eso, sectoriales. Los trabajadores industriales participan del excedente que se genera en la industria, los mineros reciben una transferencia del excedente de la minería, los pescadores obtienen una parte del excedente en la actividad pesquera, los campesinos de la costa reciben el beneficio que se genera en las haciendas costeñas, los trabajadores de las haciendas azucareras reciben los excedentes de estas haciendas, y los campesinos de la sierra participan de la producción de las haciendas serranas. Esto implica que las utilidades que se obtengan en la minería, por ejemplo, no se comparten con los campesinos de la sierra (beneficiarios o no de la reforma agraria), ni con la legión de trabajadores independientes de las zonas urbanas (vendedores ambulantes y campesinos sin tierra que trabajan de cargadores en las ciudades serranas). Es decir, lo característico de las reformas actuales en el Perú es que preservan el nexo entre producción y distribución: el factor de producción tiene derecho a parte (o todo) del producto que contribuye a producir. En cuanto a transferencia de ingresos, las transformaciones estructurales mantienen la estructura de la economía.

Cualquier estrategia redistributiva que mantenga el nexo entre producción y distribución es claramente sesgada en contra de los grupos más pobres. El planteamiento de que el problema del campesino es el problema de la tierra solamente, y que entonces la solución a su pobreza es la reforma agraria, es un planteamiento que pierde la perspectiva de la estructura económica del Perú. Los movimientos campesinos han sido luchas por sus reivindicaciones más inmediatas, pero claramente estos movimientos apuntan más a las condiciones necesarias, que a las condiciones suficientes para elevar los niveles de vida en el campo. El hecho de que el 50% de la fuerza laboral esté en el campo y reciba el 18% del ingreso nacional y que la reforma agraria beneficie solo a una parte de la fuerza laboral agropecuaria son circunstancias que ilustran dramáticamente el problema de que no es posible esperar que el problema agrario se resuelva dentro del sector agrario.

Los principales resultados estadísticos del presente trabajo los he dado a conocer en varias publicaciones anteriores. Dos explicaciones surgieron para dar cuenta del alcance limitado de las transferencias. El primer resultado se debe a Julio Cotler, para quien este alcance limitado de la redistribución del ingreso es consistente con el carácter "clasista" de la "revolución". Según Cotler, la Fuerza Armada buscaría resolver la crisis de la oligarquía de los años sesenta tratando de eliminar las formas precapitalistas y semicoloniales que existen en el país para dar paso al capitalismo moderno y nativo (Cotler 1972: 4). La reforma agraria, por ejemplo, buscaría erradicar el área típicamente tradicional de la economía, así como uno de los sustentos iniciales del poder oligárquico a fin de integrar a los trabajadores agrícolas en el mercado industrial capitalista.

Por otro lado, argumenta Cotler, la ideología política del actual gobierno lo sitúa por encima de las clases sociales y lo lleva a adoptar una definición formal del Estado ("El Estado es el representante del conjunto total del país"). Tratando así de asumir la representación de todos los peruanos para lograr su objetivo, el Gobierno busca la conciliación de clases, especialmente entre el capital y el trabajo. Esta hipótesis es congruente con la creación de comunidades laborales y su participación en los ingresos y en la propiedad dentro de sus sectores, pues así se cumple con el esquema que busca una segmentación de las clases sociales por sectores de actividad económica (Cotler 1972: 11).

Sobre la base de la versión inicial del presente estudio, Cotler concluye en otro artículo como sigue: "Las limitaciones de la redistribución del ingreso se deben explicar, repetimos, por el carácter de clase de las medidas impuestas; ellas afectan tangencialmente al núcleo hegemónico constituido cada vez más por el capital que controla el Estado y las empresas multinacionales" (Cotler 1973: 8).

La otra explicación —más económica— del alcance limitado de las transferencias se debe a César Peñaranda (1973). Su argumento es que la redistribución del ingreso no podía ser el objetivo único ni prioritario en las acciones del Gobierno debido: 1) a que durante el periodo en el cual se inician las reformas (1969-1970) el país enfrentaba una recesión económica indispensable de superar; 2) el objetivo de romper el poder político y económico para hacer posible la implementación de posteriores reformas era también prioritario; y 3) la capacidad de financiación, organización y control era muy limitada por parte del Estado. Es decir, según Peñaranda, fueron razones más coyunturales las que impidieron realizar reformas con mayores alcances redistributivos. Superados estos problemas, los porcentajes presentes de la utilidad neta que van a la comunidad laboral, por ejemplo, podrían ser duplicados. Como al presente han desaparecido las razones 1 y 2, sería solo porque la 3 no ha podido ser sobrepasada que no se toman medidas como la enunciada.

Redistribución de propiedad y economía de mercado

Las políticas redistributivas no deben hacemos olvidar que ellas tratan de modificar un resultado que se da dentro de un sistema de mercado y que las estadísticas económicas solo resumen este resultado, pero que no lo explican. Desde esta perspectiva es, pues, necesario descubrir y explicar las fuentes de la desigualdad en el ingreso que se genera en el mercado. El conocer este mecanismo resulta vital para evaluar cualquier movimiento redistributivo, pues existirán ciertas relaciones y trayectorias de ingresos que se darán independientemente de la palanca redistributiva que se mueva. Estos mecanismos hay que conocerlos y entenderlos.

Usualmente se consideran dos elementos que determinan el ingreso de las personas en el mercado: 1) los precios que obtienen por unidad de cada recurso que poseen y 2) las cantidades de estos recursos que poseen en propiedad. Si la economía todavía conserva su fetichismo por los bienes, lo que debe importar es la cantidad de bienes y servicios que una persona puede comprar con su ingreso monetario; es decir, su ingreso real. Necesitamos, entonces, añadir: 3) los precios de los bienes finales. Cualquier cambio en los elementos arriba mencionados alterará el ingreso real de las personas. Dadas las dificultades para medir las diferencias de los ingresos reales, el análisis de la distribución del ingreso se hace usualmente en términos monetarios. Para un país como el Perú, de marcadas diferencias regionales en precios relativos, patrones de consumo y autoconsumo, estas dificultades son mayores, y su omisión en el análisis podría tal vez llevar a conclusiones erróneas. La conclusión que Webb extrae de su trabajo estadístico es, sin embargo, definitiva: "Aunque las diferencias en el costo de vida inflan los ingresos reales de los trabajadores urbanos, la mayoría de los ingresos urbanos sobrepasan el ingreso límite para el cuartil inferior —3200 soles— por un margen mayor que cualquier corrección plausible" (Webb 1972c: 16).

Entonces, en cuanto a los ingresos monetarios resulta claro que para un recurso dado el doble de propiedad implica el doble de ingreso entre las personas. De otro lado, para una distribución determinada de la propiedad de los recursos, las diferencias en el ingreso dependerán de sua escasez relativa. Es decir, una persona puede estar más dotada relativamente de un factor que otra, pero si —en términos de precios— el mercado hace una valuación relativamente baja de este factor, esta mayor dotación relativa se ve afectada desfavorablemente por esa adversa relación de precios. En una economía de mercado, entonces, para estar en la cúspide de la pirámide de ingresos hay que tener una mayor dotación de los recursos relativamente más escasos. El sistema de precios puede, pues, agravar o mejorar la desigualdad inicial en la distribución de recursos entre las personas.

Para intentar explicar la escasez relativa de los recursos la teoría económica actual ha hecho uso del concepto de "función de producción". La función de producción establece una relación puramente tecnológica entre el producto y los factores que intervienen en su producción. En la teoría económica esta relación se considera como independiente de la organización social de la sociedad. Con una receta que indica los insumos del proceso se debe obtener necesariamente el *out-put* que la receta prescribe; las reacciones de la naturaleza han de ser siempre las mismas.

Sin embargo, la asociación que se hace en la teoría económica actual de esta relación tecnológica con la distribución del producto entre los factores cooperantes es, sin embargo, para una organización social particular: el capitalismo. La función de producción esconde el carácter social de la producción; para algunos procesos, la división del trabajo —la especialización puede ser mayor, mientras que puede no serlo para otros procesos—, y este hecho puede tener influencia sobre la distribución del producto. ¿Es el ingreso de un obrero en una fábrica de calzado igual que el de un artesano que produce calzado?

Otro aspecto social que esconde la función de producción es la propiedad de los factores que intervienen en la producción. La función de producción dice que si combinamos los factores X1, Y1, Z1 obtenemos Q1 unidades de un producto Q independientemente de quién sea el propietario de X, Y, Z. Pero la función de producción no dice que los propietarios realmente asignarán sus recursos X, Y, Z a producir Q. La "frontera de producción" de la sociedad no se alterará, pues, con una redistribución de la propiedad de los recursos entre las personas, aun cuando es posible que la subutilización en el uso de estos recursos —o cualquier otra forma de ineficiencia— pueda modificarse. Por ejemplo, con la reforma agraria puede disminuir el número de hectáreas de tierras abandonadas y con la Comunidad Industrial las fábricas pueden trabajar dos turnos en lugar de uno; la forma de propiedad de la empresa y de los factores X, Y, Z, influye sobre la retribución a los factores. Esta influencia puede darse por dos razones: primero, porque cada forma de propiedad conlleva diferentes objetivos de comportamiento, y segundo, porque cada forma de propiedad implica una diferente manera de apropiación del excedente económico. En una empresa capitalista, con un intento del capitalista de maximizar los beneficios y de apropiarse de ellos, la distribución del ingreso resultante será distinta a la de una empresa cooperativa de trabajadores, con un intento de los trabajadores para maximizar el ingreso neto por trabajador y apropiarse de este excedente. En ambos casos, sin embargo, el horizonte tecnológico sería el mismo. Este hecho sugeriría estudiar los mecanismos que gobiernan la distribución del ingreso según las formas de propiedad (o "modos de producción") que se dan en la economía peruana. El pluralismo en la estructura de la propiedad —a la que se hará referencia más adelante— comandará la atención en los estudios futuros sobre la distribución del ingreso.

Para el Perú se podría aventurar la conclusión de que los recursos que posee la gran mayoría de la población —mano de obra no muy calificada— son "en términos relativos menos escasos; mientras que los recursos que no están ampliamente distribuidos dentro de la población —trabajo calificado, tierra, capital— relativamente son más escasos". Luego, el sistema de precios no haría sino agravar la desigualdad en la propiedad de los recursos.

Los resultados de la distribución del ingreso parecen confirmar esta hipótesis. El ingreso por concepto de propiedad —utilidades, intereses, rentas— representaba el 23% del ingreso nacional en 1961. Como señalamos arriba, el 83% de este ingreso es apropiado dentro del 1% más rico. Según Webb:

> Dado el carácter restrictivo de la propiedad de las acciones de empresas, y el conocimiento generalizado de la concentración de la propiedad en

> el Perú, es probable que el 19% del ingreso nacional (que son ingresos de propiedad) va a unos 100 a 200 propietarios, con ingresos anuales mayores de un millón de soles. (Webb 1972c: 6)

El cuadro 8 nos muestra la distribución de la propiedad agrícola en 1961. El 35% de unidades agropecuarias eran menores de 1 hectárea y ocupaban el 0,7% de la superficie total, y el 83% de unidades agropecuarias tenían menos de 5 hectáreas y ocupaban el 6% de la superficie. En el otro extremo, las unidades mayores de 200 hectáreas estaban en poder del 1% de propietarios y ocupaban el 81% de la superficie.

La concentración de la propiedad en la industria, minería, pesquería, banca, comercio, etc., era igualmente grande. Aun cuando no existen estimados precisos, existen estudios que muestran las interrelaciones personales de propiedad (Malpica 1970, Bravo 1969).

Una de las conclusiones del estudio de Webb es que la desigualdad es todavía pronunciada si consideramos el ingreso por trabajo solamente (véase cuadro 1, p. 109). Este hecho reflejaría que la "propiedad del trabajo" —fundamentalmente en términos de educación— se encuentra también desigualmente distribuida.

En el cuadro 9 se presenta la estructura del ingreso familiar de Lima Metropolitana, basada en una encuesta de presupuestos familiares realizada por la Pontificia Universidad Católica del Perú. Aquí también se aprecia que el ingreso por propiedad está distribuido con gran desigualdad.

Si la concentración de la propiedad es la que, fundamentalmente, determina la distribución del ingreso, una política de redistribución de esta —y del poder asociado a ella— es un movimiento redistributivo en la dirección correcta, y la estrategia actual en el Perú —ya lo dijimos—, si bien es acertada en lo conceptual, no lo es en relación con su implementación. Cuanto más igual sea la distribución de todas las formas de propiedad entre los miembros de la sociedad la distribución del ingreso que arroje el mercado será más igual entre las personas.

Pero la estrategia de redistribuir ingresos, vía redistribución de la propiedad de los recursos, tiene, al parecer, varios inconvenientes.

Cuadro 8
Perú: concentración de la propiedad agrícola en 1961

Hectáreas	Unidades agropecuarias	%	Superficie (miles de hectáreas)	%
Menos de 1	292.920	34,7	129	0,7
1-5	406.507	48,2	907	5,1
5-10	76.372	9,1	478	2,7
10-50	49.476	5,9	929	5,2
50-200	10.927	1,3	976	5,6
200 y más	7080	0,8	4303	80,7
Total	843.282	100,0	7722	100,0

Fuente: Instituto Nacional de Planificación y Oficina Nacional de Estadística, Primer Censo Nacional Agropecuario, pp. VIII y IX.

Cuadro 9
Estructura del ingreso familiar en Lima Metropolitana en 1968-1969

Total de ingreso	Cuartiles				
	I (pobre)	II	III	IV	Total
Trabajo asalariado	6,76	11,63	21,29	60,31	100,0
Trabajo independiente	6,17	15,78	22,21	55,84	100,0
De capital	3,52	9,40	15,58	71,49	100,0
Total	6,41	12,66	21,03	59,90	100,0

Fuente: Figueroa 1974: cuadro 28.

Solo mencionaremos algunos, y los analizaremos a la luz de la actual experiencia peruana (tercera sección). En primer lugar, no es posible redistribuir todas las formas de propiedad entre todos los miembros de la sociedad. En el Perú, la idea de que los trabajadores deben participar de la propiedad y la gestión de la unidad de producción dentro de su sector hace que solo algunas formas de propiedad se redistribuyan entre algunas personas. El campesino recibe tierra en propiedad (pero, como vimos arriba, no todos los campesinos podrán participar de esta redistribución de tierras), los trabajadores industriales reciben acciones de su empresa y los trabajadores pesqueros también.

Naturalmente, si los distintos recursos tienen rentabibilidades similares, esta forma sectorizada de redistribuir la propiedad es acertada. Este no es el caso en la realidad, sin embargo. Por otro lado, los trabajadores independientes —pequeños comerciantes, artesanos, etc., que laboran en empresas familiares con relativamente poco capital a su disposición y que, en conjunto, representan el 40% de la fuerza laboral no agrícola— no pueden beneficiarse con una reforma que transfiere la propiedad de los medios de producción a los trabajadores dentro de la misma empresa.

La razón por la que las reformas en la propiedad no pueden beneficiar a la mayoría de la población es, pues, simple: el capital es relativamente escaso en el Perú, en adición al hecho de que su propiedad está concentrada. El capital disponible por trabajador —sea maquinaria, tierra arable o infraestructura— es bajo comparado con el de países desarrollados; este es precisamente uno de los elementos que hace subdesarrollada a la economía peruana.

La reforma agraria, por ejemplo, no puede en la práctica cumplir con su propio postulado: "Adjudicar la tierra en propiedad a los campesinos sin tierras o que las posean en cantidad insuficiente". Una redistribución igualitaria de tierras arables implicaría cerca de una hectárea por familia campesina. La oposición manifiesta por pequeños y medianos agricultores no hace sino expresar en la realidad el problema de escasez de tierras.

En el Congreso de Instalación de la Confederación Nacional Agraria, los campesinos pidieron reducir los límites de inafectabilidad: en la costa debería ser entre 5 y 10 hectáreas y en la sierra y ceja de selva entre 10 y 15 hectáreas "porque la tierra agrícola en el Perú es bastante escasa". Este hecho también explica por qué se está dando menos énfasis a las adjudicaciones individuales y se está favoreciendo a las empresas asociativas (cooperativas, SAIS, comunidades) mediante los Programas Integrales de Reforma Agraria (PIAR) (véase cuadro 10). Se trata de una forma de disfrazar la escasez de tierras y de recursos en general.

La frase continuamente voceada por el gobierno militar ("La nueva democracia peruana se basa en la transferencia de los medios de producción a los trabajadores como único camino para la

Cuadro 10
Adjudicaciones de la reforma agraria al 31 de diciembre de 1973

Empresas	N.°	Miles de hectáreas	%	Miles de familias	%
Cooperativas	279	1872	42,8	89	50,3
SAIS	28	1973	45,1	41	23,2
Comunidades	80	386	8,8	30	16,9
Individual	-	144	3,3	17	9,6
Total	-	4375	100,0	177	100,0

Fuente: Ministerio de Agricultura 1974: 184.

auténtica libertad") debe ser, pues, confrontada con la realidad peruana. Porque, de un lado, la "democratización" de los medios de producción se está entendiendo como la transferencia a los trabajadores de sus medios de producción en la empresa que laboran, y esto ya no es democratizar, sino en un sentido segmentado, estratificado. De otro lado, no todos los trabajadores están igualmente equipados de medios de producción, cuya propiedad les podría ser transferida. La dualidad tecnológica indica, precisamente, que hay grandes diferencias en el equipamiento de los trabajadores. Entregar al trabajador el capital con el que trabaja —en una economía con escasez de capital— es aceptar la situación actual como dada e irrevisable. En esta circunstancia, la democratización devendrá en aristocracia. Los comuneros industriales son los primeros en reconocer este hecho: "No podemos convertirnos en una aristocracia de trabajadores olvidando la desocupación de nuestros hermanos" (Primer Congreso de Comunidades Industriales 1973: 3).

El esquema actual de la Comunidad Laboral, que se originó en la Ley de Industrias, ha sufrido modificaciones que se derivan —como hemos visto— del hecho de que las tasas de retorno a los recursos son distintas entre sectores y, para un sector dado, distintas entre las empresas. Las Comunidades de Compensación no tienen otro objetivo que el de reducir las variaciones dentro del sector; pero solo las variaciones entre algunos sectores serán sustancialmente modificadas, debido a que el sector agrario no es tomado en cuenta. Claro está que entre los sectores manufactureros, minero y pesquero se establecen porcentajes diferenciados (véase cuadro 2) que reciben los trabajadores en cada sector y que varían inversamente con la rentabilidad del sector. Pero el problema central en la distribución del ingreso en el Perú es que el sector agrario es determinante del perfil distributivo del país. Es decir, de la variación total en los ingresos personales, la que tiene más importancia es la variación entre sectores, y básicamente entre el sector moderno y el sector agrario; y la conclusión de este estudio es que el sector agrario ha sido segmentado en la estrategia de la redistribución del ingreso.

En segundo lugar, no es posible redistribuir todas las formas de propiedad entre todos los miembros de la sociedad ahora. La experiencia y calificación de un ingeniero mecánico no puede ser "repartida" entre los obreros torneros de la empresa. La "propiedad del trabajo" es, pues, una forma de propiedad que necesita de tiempo para que sea distribuida más extensamente en la comunidad. Aquí, la Ley de Educación tiene un papel importante que desempeñar.

En tercer lugar, una mayor igualdad en la distribución del ingreso *hoy*, conseguida mediante la redistribución de la propiedad de los recursos, no garantiza una mayor igualdad en el ingreso personal *mañana*. La propiedad es un *stock* que genera un flujo de ingreso que puede ser dedicado en parte a acumular más de esta propiedad o de otras formas de propiedad. Luego, para que una igualdad de la propiedad se mantenga es necesario que las personas acumulen propiedad a la misma tasa. Si hay diferencias en las propensiones marginales al ahorro, y este ahorro es en recursos, volverán a aparecer desigualdades en la propiedad. Dos personas que tienen inicialmente la misma cantidad de recursos y, por consiguiente, el mismo flujo de ingresos en el periodo no tendrán, sin embargo, distintos recursos en propiedad y distintos ingresos en el mismo período, a menos que sus preferencias entre consumo presente y consumo futuro sean iguales. De lo contrario, habrá que volver a redistribuir la propiedad de los recursos de la sociedad de tiempo en tiempo.

Una fuente de desigualdad en el ingreso resulta, pues, del hecho de que no todas las personas tienen las mismas propensiones marginales al ahorro, y segundo, que estas propensiones pueden depender del ingreso mismo, y entonces desigualdades iniciales en el ingreso y en la propiedad o desigualdades que se van generando dinámicamente son otra fuente de desigualdad en el ingreso. En ambos casos la implicancia es que la tasa de acumulación resultante es muy diferenciada. Ambos casos pueden ayudar a explicar el proceso histórico que ha generado la situación de desigualdad actual en el Perú. La importancia de este efecto permanece todavía como una cuestión empírica.

La reforma agraria trata de evitar este problema dinámico prohibiendo la venta de la tierra una vez hecha la adjudicación (art. 86), pero queda todavía la posibilidad de acumular en instrumentos productivos y generar un diferencial de ingresos entre los campesinos. Otra fuente de desigualdad en los ingresos futuros es el hecho de comenzar desde distintos niveles de ingreso dentro del sector agrario, pues las condiciones iniciales no son las mismas para todos, como se ha presentado arriba (tercera sección). La reforma de la empresa —industrial, minera, pesquera— crea, igualmente, condiciones iniciales distintas para los trabajadores y rentabilidades distintas, lo que será otra fuente de desigualdad en ingresos futuros. Las Comunidades de Compensación tienen aquí un papel crucial: el contrarrestar en alguna medida estas tendencias dinámicas.

La transferencia de la propiedad en forma segmentada y no social que realizan las reformas actuales, así como la manutención del sistema de mercado como mecanismo de distribución de ingresos, crea problemas adicionales a los mencionados hasta ahora. Tomemos el caso de la reforma agraria como ejemplo. La propiedad de la tierra puede, efectivamente, pasar a manos del campesino y no aumentar sus ingresos reales. La existencia de un monopsonista (único comprador) que impone ciertas restricciones a través del mercado (precios, transportes) podría hacer desaparecer los ingresos que transfiere la reforma agraria. La política gubernamental de control de precios agrícolas, tan común en el Perú para proteger el ingreso real de la población urbana, afecta también el ingreso del campesinado. Ciertamente, la política de alimentos baratos para la ciudad es una demanda contra el ingreso de los campesinos y no contra los capitalistas ni las empresas multinacionales. En una economía de mercado la propiedad segmentada de los recursos no garantiza a sus poseedores ganancias sustanciales en ingresos reales.

La experiencia redistributiva peruana en el contexto latinoamericano

Las estadísticas disponibles permiten analizar la distribución del ingreso en ocho países de América Latina en las décadas de 1950 y 1960. Dentro de estos estos, que representan el 80% de la población de América Latina, el Perú era el país con la mayor desigualdad. El coeficiente de Gini era 0,62 para el Perú, el mayor en la muestra. En ningún país estudiado el 60% más pobre recibía un porcentaje tan pequeño del ingreso nacional (17%), como en el Perú. Tampoco en ningún país el 5% más rico recibía un porcentaje tan alto (40%), como en el Perú (Figueroa y Weisskoff 1974).

En términos absolutos, el nivel de vida del 60% más pobre del Perú es menor al del grupo similar en otros países, dado que el ingreso per cápita del Perú está entre los más bajos de América Latina; es decir, este grupo peruano obtiene una menor "tajada" de un pastel más pequeño, comparado con la mayoría de países de América Latina. Para el grupo privilegiado del 5% más rico, el obtener una mayor participación del ingreso nacional es un requisito para que logre alcanzar los patrones de consumo —y estilo de vida— emulados de los países desarrollados. Como mencionan Figueroa y Weisskoff, refiriéndose al hecho empírico de que el 5% más rico recibe una mayor parte del ingreso en los países con ingresos promedio más bajos "[...] rara vez se establece la relación de que el logro de este patrón requiere una presión sustancial en el resto de los miembros de sus sociedades para que puedan permitirse un nivel de vida al que llegan a acostumbrarse" (1974: 7).

La evolución de la distribución del ingreso puede ser mostrada para cinco países latinoamericanos: Argentina, Brasil, México, Perú y Puerto Rico (66% de la población de América Latina). En todos estos países se experimentó un crecimiento importante del ingreso per cápita. La cuestión es saber quiénes se beneficiaron del crecimiento económico.

El estudio de Figueroa y Weisskoff llega a distinguir dos patrones de distribución de ingresos. El primero se refiere a Argentina (1953-1961) y Brasil (1960-1970), donde la ganancia relativa fue para el decil más rico. Es decir, el 10% más rico de cada país recibió un porcentaje mayor del ingreso nacional al final del periodo, comparando con el comienzo del lapso estudiado. El caso del Brasil es, por supuesto, el más conocido y actual. Después de un modesto crecimiento económico durante 1962-1967 (cuando la economía creció anualmente en 3,7%), en 1968 el Brasil empieza una etapa de rápido crecimiento (9,3% en 1968; 9,0% en 1969; 9,5% en 1970 y 11,3% en 1971), período que por ello se designa como "milagro brasileño". Según el ministro Delfim Neto, es bastante impropio atribuir a este logro el carácter de "milagro", pues este crecimiento es más el resultado de una política económica bien diseñada que el de una acción espontánea. Las medidas más importantes que dieron lugar al crecimiento serían: la política financiera, los estímulos a las exportaciones y la entrada del capital extranjero, el apoyo a la agricultura y la cooperación entre el Gobierno y el sector privado. Y, por supuesto, la continuación del "milagro" exigiría preservar las medidas tomadas hasta ahora. El economista Simons (hoy ministro de Hacienda) lo dice bien claro:

> El primer requisito es la mantención del actual clima de racionalidad económica y de cooperación entre el sector público y el sector privado. La política que hoy se practica está diseñada para lograr el objetivo básico del desarrollo e inspirar buenas dosis de confianza en los inversionistas brasileños e internacionales. Esa prioridad inclusive obliga a ciertas transigencias, como la relativa lentitud del proceso desinflacionario, ya que no se desea el surgimiento de cualquier crisis de liquidez. Cualquier quiebra del racionalismo en términos de un romanticismo distribucionista o de un nacionalismo xenófobo podría comprometer seriamente el actual sistema de confianza, sobre el cual se está construyendo el milagro brasileño. (Simonsen 1972: 44)

Para el caso del Perú, el estudio de Webb contiene estimaciones sobre las tendencias de la distribución del ingreso para el periodo 1950-1966, un lapso de rápido crecimiento: 2,5% per cápita anual, cuando el cuartil más rico aumentó su ingreso real en una proporción mucho mayor que el resto de la población (4% p. a.).

La población rural aumentó su ingreso en solo 1,3% y el grupo más pobre, formado por pequeños propietarios campesinos (el 30% más pobre del país), se mantuvo prácticamente estancado. Luego, el cuartil más rico fue el grupo que se benefició relativamente del crecimiento económico. En este sentido, la experiencia peruana corresponde al primer patrón que hemos distinguido (con Brasil y Argentina).

El segundo patrón corresponde a México (1950-1963) y Puerto Rico (1953-1963), en el cual el 60% más pobre de la población y el 5% más rico reducen su participación en el ingreso nacional en favor del crecimiento de la "clase media" (61°-95° percentiles). Las estimaciones sobre la redistribución del ingreso en el Perú, presentadas en la tercera sección del presente trabajo, mostraron que la transferencia se produce principalmente del 1% más rico al resto del cuartil más rico. En este sentido, la experiencia peruana se inscribe más en este segundo patrón (con México y Puerto Rico).

La conclusión que se puede extraer de estas tendencias es bastante clara: de una manera sistemática, el 60% más pobre de la población latinoamericana recibe una porción cada vez menor del ingreso nacional durante el crecimiento económico. Los grupos beneficiados varían entre países, pero aun en los movimientos redistributivos más radicales que puedan acompañar el crecimiento los beneficios nunca bajan del cuartil más rico de la población. Incluso en el caso de que los ingresos absolutos de todos hubieran aumentado, estos resultados tienen dos implicancias: primero, los grupos más pobres son los que menos se benefician del crecimiento, y segundo, de mantenerse esta tendencia habría que esperar una concentración todavía mayor del ingreso para aumentar de manera sustancial los ingresos absolutos de la mayoría de la población. El costo de combatir la pobreza resulta, así, ser bastante elevado: para llegar a los pobres hay que pasar por los grupos ricos.

Así, el análisis que hacen Figueroa y Weisskoff permite ciertas conclusiones. El ingreso promedio urbano es casi dos veces el ingreso promedio rural (el Perú muestra la mayor disparidad en estos promedios, de 2,7 veces). Además, la concentración del ingreso en las zonas rurales no es significativamente mayor que en las zonas urbanas. Dado que cerca del 50% de las poblaciones vive en las zonas rurales, los grupos más pobres son preferentemente personas que viven en el campo, y el cuartil más rico es preponderantemente urbano. Luego, la pobreza es básicamente un problema rural, y son tales personas las que han perdido relativamente con el crecimiento económico.

Conclusiones

El interés del presente estudio ha sido cómo atacar el problema de la pobreza. Para un país como el Perú, el problema crucial es cómo aumentar los ingresos reales del 50% más pobre de la población. Precisamente, el interés por el tema de la distribución del ingreso deriva —dada la magnitud de la concentración del ingreso en el Perú— de que la redistribución del ingreso se presenta como una opción efectiva para elevar los niveles de vida de la población situada en la base de la pirámide de ingresos. El contenido redistributivo de las reformas más importantes que se vienen dando en el Perú de hoy (1968-1973) es, sin embargo, muy modesto. Las estimaciones presentadas en este trabajo muestran que el conjunto de reformas transfieren entre el 3 o 4% del ingreso nacional en forma patrimonial y líquida. De esto las transferencias líquidas son aún menores: entre el 2 o 3% del ingreso nacional. La segunda conclusión es que casi la totalidad de estas transferencias se producen dentro del cuartil más rico de la población. Este resultado se debe, básicamente, al hecho de que las transferencias se realizan dentro de cada sector y empresa donde se encuentra ubicado el trabajador; es decir, se preserva el nexo entre producción y distribución. Como un aspecto positivo se podría mencionar, sin embargo, el carácter duradero de estas transferencias por estar, precisamente, enraizadas en el proceso productivo.

Hasta ahora no hemos considerado el carácter instrumental de la distribución del ingreso. Es tal vez a partir de este rol que la redistribución del ingreso pueda constituirse en una palanca económica que haga aumentar el ingreso real, precisamente del grupo de más bajos ingresos. Un cambio en la distribución del ingreso —aun dentro del cuartil más rico— resultaría en un cambio de la estructura de la demanda y en una reasignación en el uso de los recursos de la sociedad, con una nueva constelación de precios. Esta reasignación de recursos, en el caso de la mano de obra, podría significar una transferencia de trabajo a los sectores de mayor productividad y remuneración —sector moderno—, lo que aumentaría los ingresos de los subempleados. Para el Perú el autor realizó estimados del efecto de una redistribución de ingresos sobre la demanda derivada de trabajo en el sector manufacturero. Los resultados no indican un efecto sustancialmente grande, aunque los estimados son todavía aproximativos (Figueroa 1972: 111).[15] Más investigación es, pues, requerida en esta área.

En vista de los problemas que plantea la política redistributiva, consideramos la alternativa del crecimiento económico. Ciertamente, para evitar esta dicotomía, la tarea es conciliar objetivos de mayor crecimiento con un efecto progresivo sobre la distribución del ingreso. El modelo de desarrollo económico diseñado por el gobierno actual busca conciliar la formación acelerada de capital, la participación plena de los trabajadores y la mayor igualdad en los ingresos. Para ello el Gobierno apoyará prioritariamente la formación de "Empresas de Propiedad Social" cuyo instrumento legal se dio en mayo de 1974. Estas empresas pertenecerán al conjunto de trabajadores que laboren en ella. Los trabajadores participarán del excedente económico y en la gestión,[16] y una parte del excedente económico que genere la empresa será destinada a financiar la formación de otras empresas de propiedad social.

Con las reformas sectoriales y la creación de empresas de propiedad social, el pluralismo económico del Perú se compone de empresas: del Estado; privadas, reformadas con comunidades laborales; privadas; y de propiedad social. El énfasis que se piensa dar a la formación del sector de propiedad social, para que sea hegemónico dentro del pluralismo económico, implica que se está eligiendo por

15. En esta página se presenta una matriz que indica las transferencias de ingresos entre grupos y el empleo resultante, bajo ciertas hipótesis, de esas transferencias. Por ejemplo, una transferencia del <10% del ingreso del decil más rico al cuartil más pobre aumentaba el empleo en la industria manufacturera en 5%.

16. Las tendencias en la concentración del ingreso que crearían estas empresas son examinadas en Abusada 1973.

la alternativa del crecimiento económico para combatir la pobreza. Esto es así en vista del poco efecto que las reformas sectoriales realizadas tienen sobre los grupos pobres.

De otro lado, buscar incrementar la frontera de producción es suponer que uno está sobre ella o muy cerca; es suponer que la economía está libre de ineficiencias, sean técnicas o económicas. Hoy en día, sin embargo, es cada vez más denunciada, por ejemplo, la subutilización de la capacidad instalada en los países subdesarrollados, y el Perú no es excepción.[17] Una mayor utilización de esta capacidad es, ciertamente, una palanca económica. No hay que recurrir a ahorros presentes, sino utilizar plenamente los ahorros pasados (cristalizados en la maquinaria y el equipo ya instalados) mediante un aumento en la jornada de trabajo (turnos). Con esta estrategia se podría llegar más cerca de la frontera de producción, y esta producción adicional podría ser redistribuida a los estratos bajos sin la necesidad de redistribuir el ingreso actual. Además, este aumento de turnos implica más servicios para el mismo *stock* de capital, pero también un mayor número de personas; luego, vía la creación de empleos en el sector moderno, se incidiría también sobre los ingresos de los deciles bajos.

Esta estrategia, tan de moda actualmente, tampoco está libre de restricciones. Podríamos hacer referencia a una de ellas solamente. No todos los sectores industriales de la economía tienen la capacidad de aumentar su producción mediante un incremento en los turnos; este privilegio existe solo para los procesos que se pueden organizar en línea.[18] Aun si estuviéramos en un mundo de relaciones lineales entre sectores, aumentar la actividad de la industria, por ejemplo, crearía desfases en las relaciones intersectoriales debido a que otro sector, como la agricultura, no podría aumentar su actividad recurriendo a más turnos. Habría, entonces, que importar los insumos de origen agropecuario para la demanda intermedia y también para la demanda final, inducida por el aumento en ingresos. Estamos ahora

17. Para un estimado de la subutilización del capital en la industria peruana, véase Figueroa 1972: capítulo 2.

18. Una presentación analítica de este concepto aparece en Georgescu-Roegen 1970: 6 y Figueroa 1973.

frente a un problema de balanza de pagos. Esta presión sería atenuada con un sector exportador suficientemente dinámico. Aumentar los ingresos por exportaciones necesitaría de condiciones especiales del mercado —una demanda elástica con respecto al precio para nuestras exportaciones— y de condiciones especiales en cuanto al proceso de producción: la posibilidad de aumentar la producción de las exportaciones mediante un aumento en los turnos. Las condiciones para esta estrategia son, pues, bastante claras.

Estos comentarios indican que en el Perú se necesitan cambios mucho más profundos que los realizados hasta ahora si se quiere sobrepasar los niveles actuales de pobreza absoluta en que vive la mayoría de la población. La alternativa de más redistribución parece difícil de alcanzar. Paradójicamente, con los cambios "estructurales" realizados se hace ahora más difícil una mayor redistribución. La alternativa del crecimiento económico y la generación de mayor empleo, dirigida por el sector de propiedad social, significa, como dijimos, esperar más de veinte años para doblar los ingresos de los más pobres. Claro que, para aquellos que defienden su actual posición de privilegio en el Perú (los rezagos de la oligarquía y la nueva alta burocracia), la ventaja del crecimiento económico es que trata de evitar el conflicto social al hacer creer que "todos ganan" con el crecimiento (y ya vemos que este no es el caso en América Latina).

Queda, finalmente, la alternativa de romper el nexo entre la producción y la distribución: un cambio hacia la economía socialista. Dos ejemplos del nuevo ordenamiento económico del Perú que apuntan, aunque muy débilmente, hacia el rompimiento del nexo entre producción y distribución lo constituyen las comunidades de compensación y las SAIS. El primer sistema hace que el trabajador de una empresa reciba un ingreso de la comunidad de compensación de su sector independientemente del ingreso que se genera en su empresa. Es decir, una parte del ingreso que recibe no proviene de la empresa donde trabaja. Esta separación entre producción y distribución es bastante débil, sin embargo. Hay hasta tres razones para ello. Primero, solo funciona para empresas con rentabilidad positiva; segundo, sóolo se da dentro de un sector (el campesino que no logre tierras no se beneficia de las mayores utilidades de la minería, por ejemplo); y tercero, no es independiente de la distribución del ingreso imperante, pues la comunidad laboral redistribuye el 50% de sus fondos proporcionalmente a los sueldos y salarios, y el otro 50% a prorrata.

En el caso de las SAIS, las comunidades campesinas socias no participan de las tareas de la producción que se realizan en las unidades de producción (exhaciendas), y sin embargo reciben una parte del ingreso que se genera en estas unidades. Pero, como ya se mostró anteriormente, la magnitud de esta transferencia es bastante modesta.

En los dos casos mencionados, el de las comunidades de compensación y las SAIS, se crea pues el "dividendo sectorial", y solo en algunos sectores de la actividad económica. Ciertamente, este mecanismo dista mucho del "dividendo social", que es el fundamento de la economía socialista.

Todas las dificultades señaladas en estos breves comentarios no deberían interpretarse como una visión pesimista del futuro del Perú o de cualquier otro país que lucha contra la pobreza. Estos comentarios, que sirven de conclusión al presente trabajo, deben interpretarse como una manera de comprender el carácter desafiante y complejo del problema del desarrollo económico.

Bibliografía

ABUSADA, Roberto

1973 *Propiedad social: algunas consideraciones económicas*. Documento de trabajo n.º 12. Lima: Publicaciones Cisepa, Pontificia Universidad Católica del Perú.

ADELMAN, Irma y Cynthia TAFT MORRIS

1971 *An anatomy of income distribution patterns in development nations. International Bank for Reconstruction and Development*. Economic Staff Working Paper n.º 116. Washington, D. C.: International Bank for Reconstruction and Development.

BANCO CENTRAL DE RESERVA DEL PERÚ

1970 *Cuentas nacionales del Perú: 1960-1969. Tomo 1*. Lima: BCRP.

1974 *Cuentas nacionales del Perú: 1960-1973*. Lima: BCRP.

BÉJAR, Héctor

1969 *Perú 1965. Una experiencia guerrillera*. Lima: Campodónico Editores.

BERRY, Albert

1972 *Some determinants of changing income. Distribution in Colombia 1930-1970*. New Haven: Economic Growth Center, Yale University.

BERTHOLET, Christiaan Joseph LEONARD

1969 *Puno rural*. Lima: Centro de Investigaciones Sociales, Económicas, Políticas y Antropológicas de la Pontificia Universidad Católica del Perú.

Bravo, Jorge
1969 "Gran empresa y pequeña nación". En José Matos Mar et ál., *Perú problema*. Lima: Instituto de Estudios Peruanos.

Casas Grieve, Pedro de las et ál.
1970 *Análisis de la participación de la comunidad industrial en el capital social de la empresa*. Lima: Universidad del Pacífico.

Cism-Centro de Investigaciones Sociales por Muestreo
1967 *Barriadas de Lima*. Lima: Ministerio de Trabajo y Comunidades.

1968 *Aspectos sociales y económicos de la ciudad de Moyobamba: encuesta de hogares*. Lima: CISM, Servicio de Empleo y Recursos Humanos.

Confederación Nacional de Comunidades Industriales
1973 *Resoluciones del Primer Congreso Nacional de Comunidades Industriales "José Carlos Mariátegui": La Perla-Callao, febrero 23, al 2 de marzo de 1973*. Lima.

Cotler, Julio
1968 "La mecánica de la dominación interna y del cambio social en el Perú". En José Matos Mar et ál., *Perú problema*. Lima: Instituto de Estudios Peruanos.

1970 "Haciendas y comunidades tradicionales en un contexto de movilización política". En R. Keith, F. Fuenzalida, J. Cotler, G. Alberti y J. Matos Mar, *La hacienda, la comunidad y el campesinado en el Perú*. Lima: Instituto de Estudios Peruanos, pp. 311-342.

1972 "Bases del corporativismo en el Perú". *Sociedad y Política*, n.º 2.

1973 "Concentración del ingreso y autoritarismo político en el Perú". *Sociedad y Política*, n.º 4.

Navarrete, Ifigenia M. de
1980 "La distribución del ingreso en México-Tendencia y perspectivas". En David Ibarra et ál., *El perfil de México en 1980*. México: Siglo XXI Editores.

Dnec-Dirección Nacional de Estadística y Censos
1965 *Primer censo nacional agropecuario, 2 julio de 1961: resultados finales de primera prioridad*. Lima: Instituto Nacional de Planificación, DNEC.

Doughty, Paul L. y Luis Negrón
1964 *Pararín: a break with the past*. Ithaca: Cornell Peru Project, Department of Anthropology, Cornell University.

EUGENE Brady

1968 *The distribution of total personal income in Peru*. Ames: Department of Economics, Iowa State University.

FIGUEROA, Adolfo

1972 Income distribution, employment and development: the case of Peru. Tesis doctoral, Universidad de Vanderbilt, Nashville.

1973 *Algunas notas sobre la teoría de la producción*. Serie Ensayos teóricos, n.º 1. Lima: Publicaciones Cisepa, Pontificia Universidad Católica del Perú.

1974 *Estructura del consumo y distribución de ingresos en Lima Metropolitana 1968-1969*. Lima: Pontificia Universidad Católica del Perú.

FUENZALIDA, Fernando

1970 *El campesino en el Perú*. Lima: Instituto de Estudios Peruanos

FIGUEROA, Adolfo y Richard WEISSKOFF

1974 *Visión de las pirámides sociales. Distribución del ingreso en América Latina*. Lima: Cisepa, Pontificia Universidad Católica del Perú.

FISHLOW, Albert

1972 "Brazilian size distribution of income". *AER*, vol. 62, n.º 2: 392-399.

FRANK, Charles

1970 *The problem of urban unemployment in Africa*. Princeton: Research Program in Economic Development, Princeton University.

GARCÍA, Amador Raúl

1967 La distribución del ingreso por niveles en el Perú. Tesis de bachiller, inédita; Universidad Nacional Mayor de San Marcos.

GEORGESCU-ROEGEN, Nicholas

1970 "The economics of production". *The American Economic Review*, vol. 60, n.º 2: 6.

GRIFFIN, Keith

1969 *Underdevelopment in Spanish America*. Londres: Allen & Unwin.

GRILLO, Eduardo

1970 *Primera estimación de los alcances del D. L. Nº 17716 de reforma agraria en la afectación de la superficie agrícola en la costa y sierra*. Lima.

KUZNETS, Simon

1969 *Modern economic growth: rate, structure, and spread*. New Haven: Yale University Press.

Hirschman, Albert
1958 *The strategy of economic development*. New Haven: Yale University Press.

Hunt, Shane J.
1966 "The Growth Performance of Peru". No publicado. Ponencia presentada en la Universidad de Princeton.

1971 "Distribution, Growth and Government Economic Behavior in Peru". En Gustav Ranis (ed.), *Government and economic development*. New Haven: Yale University Press.

1972 *The economics of haciendas and plantations in Latin America*. Princeton: Research Program in Economic Development, Woodrow Wilson School, Princeton University.

Huntington, Samuel
1968 *Political order in changing societies*. New Haven: Yale University Press.

Instituto Indigenista Peruano
1966 *Sociedad, cultura y economía en 10 áreas andino-peruanas: Asillo, Chumbao, Chuyas-Huaychao, Huata y Quita, Julcamarca, Layo, Pirabi, Soras, Taraco, Yancao*. Lima: Ministerio de Trabajo y Comunidades.

Instituto Nacional de Planificación (INP)
1966 *La evolución de la economía en el período 1950-1965*, vol. I: III12-IU54. Lima: INP.

1968 *Proyecto Insumo-Producto*. Lima: INP.

1971 *Plan Nacional de Desarrollo para 1971-1975*, vol. I: 12. Lima: INP.

Lanao, Mario
1973 Diagnóstico económico y la redistribución del ingreso en las comunidades industriales. Tesis de bachiller, Pontificia Universidad Católica del Perú.

Malpica, Carlos
1970 *Los dueños del Perú*. Lima: Peisa.

Matos Mar, José et ál.
1969 *Perú problema*. Lima: Instituto de Estudios Peruanos.

Mc Olintock, Cynthia
1974 "SAIS Cahuide: its impaction on participation and wealth in the region". Trabajo no publicado.

Ministerio de Agricultura

1970 *Aspectos sociales y financieros de un programa de reforma agraria*. Lima: Convenio para Estudios Económicos Básicos.

1974 Evaluación 1973. Informe del sector agropecuario (cuarto trimestre). Lima.

Ministerio de Industria y Turismo

1974 *Estadística de Comunidades Industriales*. Lima: Ministerio de Industria y Turismo, Oficina de Comunidades Laborales.

Negre Rigol, Pedro y Franklin Bustillos Gálvez

1969 *Sicuani, 1968; estudio socio religioso*. La Paz: Instituto Boliviano de Estudios Andinos.

Nelson, Richard, Paul Schultz y Robert Slighton

1971 *Structural change in a developing economy*. Princeton: Princeton University Press.

Norton, Roger

1972 *A model of the agricultural sector in México*. Washington D. C.: IBRD.

Oficina Nacional de Estadísticas y Censos

1972 II Censo nacional agropecuario. Resultados por muestreo. Lima: ONEC.

Oliveira, Francisco

1973 "La economía brasileña: crítica a la razón dualista". *El Trimestre Económico*, vol. 40, n.º 1582: 411-484.

Patch, Richard

1962 "Life in a Peruvian Indian Community". *American Universities Field Service Reports*, WCSA Series, vol. 9, n.° 1 (enero), p. 5.

Peñaranda, César

1973 *El impacto de las reformas actuales sobre la distribución de ingresos en el Perú: aspectos adicionales y comentarios*. Lima: Pontificia Universidad Católica del Perú.

Petras, James y Maurice Zeitlen (eds.)

1968 *Latin America, reform or revolution: a reader*. Nueva York: Faucett Publications.

Pinto, Aníbal

1967 *La distribución del ingreso en América Latina*. Buenos Aires: Eudeba.

1969 *Diagnósticos, estructuras y esquemas de desarrollo en América Latina*. Santiago de Chile: Escuela Latinoamericana de Sociología.

Primer Congreso de Comunidades Industriales
1973 Lima, marzo. Mimeo.

Quijano, Aníbal, Hernán Godoy Urzúa y Julio Cotler
1968a "Tendencias en el desarrollo peruano y en la estructura de clases". En James Petras y Maurice Zeitlen (eds.), *Latin America, reform or revolution: a reader*. Nueva York: Faucett Publications.

1968b *Urbanización y tendencias de cambio en la sociedad rural latinoamericana*. Santiago de Chile: CIDU.

Ramos, Joseph
1970 *Labor and development in Latin America*. Nueva York: Columbia University Press.

Reder, Melvin
1969 "A partial survey of the theory of income size distribution". En Lee Soltow (ed.), *Six papers on the size distribution of wealth and income*. Nueva York: National Bureau of Economic Research.

Roca, Santiago
1973 La distribución del ingreso en las cooperativas azucareras del Perú. Memoria de bachiller. Lima: Pontificia Universidad Católica del Perú.

SAIS Túpac Amaru
1974 *Boletín Túpac Amaru*. Pachacayo, año 5, n.º 14: 23.

Simonsen, Mário Henrique
1972 *Brazil 2002*. Río de Janeiro: Apec.

Slighton, Robert L.
1972 "Perspectives on economic policymaking" Luigi Einaudi (ed.). *Latin America in the 1970's*. Rand Corporation.

Smith, Adam
1910 *The wealth of nations*. Londres: Dent, Nueva York: Dutton.

Stavenhagen, Rodolfo
1968 "Seven fallacies about Latin America". En James Petras y Maurice Zeitlen (eds.), *Latin America. Reform or Rrevolution*. Nueva York: Faucett Publications.

SUNKEL, Oswaldo

1970 "Subdesarrollo, Dependencia y Marginación: Proposiciones para un Enfoque Integrado". Documento presentado en el Seminario de la Marginalidad en América Latina, organizado por el Banco Interamericano de Desarrollo (BID) y la Sociedad Chilena de Planificación y Desarrollo (PLANDES), Santiago, Chile.

TAPIA, Alfredo

1971 *Acción de las instituciones de crédito especializadas en el financiamiento de vivienda en el Perú*. Lima: Imprenta del Hogar de la Clínica San Juan de Dios.

THORP, Rosemary

1969 "A note on food supplies, the distribution of income and national income accounting in Peru". *Oxford Bulletin of Economics and Statistics*, vol. 31, n.° 4: 229-241.

URRUTIA, Miguel y Clara E. de SANDOVAL

1970 "La distribución de ingresos entre los perceptores de renta en Colombia-1964". *Revista del Banco de la República*, n.º 513: 992.

VAN DE WETERING, H.

1972 Increased agricultural production through land redistribution. A minor possibility? Ames: Iowa State University. Manuscrito.

VERA LA TORRE, José

1972 Reforma agraria y distribución del ingreso. Tesis de bachiller, Pontificia Universidad Católica del Perú.

WEBB DUARTE, Richard

1972a *Flujos de ahorro en el Perú*. Lima: Comisión Nacional de Valores.

1972b *Tendencia del ingreso real en el Perú, 1950-1966*. Documento de trabajo. Research Program in Economic Development. Princeton: Princeton University.

1972c *The distribution of income in Peru*. Research Program in Economic Development, Discussion Paper n.º 26. Princeton: Princeton University.

WETERING, Hylke van de

1970 *La reforma agraria: un enfoque dirigido a medir su impacto en la economía provincial*. Lima: Convenio para Estudios Económicos Básicos.

Made in the USA
Monee, IL
18 October 2026

66035234R10085